IGITT-IGITT Schule
Laura hat Schulangst

1. Ausgabe 2022
Lektorat: Friederike Ramin
Biografische Information der deutschen Nationalbibliothek:
Die Deutsche Nationalbibliothek verzeichnet diese Publikation
in der Deutschen Nationalbibliografie; detaillierte biografische
Daten sind im Internet über http://dnb.dnb.de abrufbar.
Herstellung und Verlag: BoD – Books on Demand,
Norderstedt.
ISBN: 9 783 754 354063

IGITT-IGITT Schule
Laura hat Schulangst

ist ein Buch für Kinder, die sich mit Schulangst plagen. Das Mädchen Laura möchte am liebsten gar nicht mehr in die Schule gehen. Manchmal kann sie schon nachts nicht mehr schlafen, weil sie sich vor dem anderen Tag fürchtet. Aber da gibt es noch eine Tante, die ein sehr verrücktes Leben führt. Tatsächlich hat sie ein paar gute Tipps für das Mädchen, was man gegen Schulangst tun kann.

IGITT-IGITT
Schule

Laura hat
SCHULANGST

GUDRUN
LEYENDECKER

1. Kapitel

Laura stand vor der Tür des Nachbarhauses und drückte auf den Klingelknopf. Eine Minute später erschien eine ältere Frau im freien Rahmen. „Hallo, Laura! Schön, dass du vorbeikommst, ich bin gerade mit meiner Hausarbeit fertig geworden. Aber den Kakao habe ich schon fertig."

Das Mädchen umarmte die ältere Dame. „Hallo, Tante Doro! Dein Geschenk will dir Mama heute Abend selbst vorbeibringen. Haben dir die Blümchen von mir gefallen?"

Die ältere Dame nickte und führte Laura in die Wohnung. „Flieder! Ich liebe Flieder! Das war wirklich eine Überraschung, als ich deinen wunderschönen Strauß gestern Morgen vor der Tür entdeckte. Er steht im Wohnzimmer auf dem großen Tisch und duftet ganz herrlich. Wart ihr gestern noch im Tierpark?"

Das Mädchen schüttelte den Kopf und sah die Tante betrübt an. „Nein, das hat leider nicht geklappt. Papa ist ja dieses Wochenende in Hannover und Mama hatte gestern Bereitschaftsdienst. Und wie das so ist, wurde sie natürlich auch in die Klinik gerufen."

„Und deine Schwester Lorena? Und Marco? Haben die etwas mit dir unternommen?"

„Lorena war mit ihrer Freundin Natascha im Kino, und Marco ist mit seinen Freunden Fahrrad gefahren. Meine Freundin Anna hatte keine Zeit. Ihre Eltern sind gestern mit ihr in einen Freizeitpark gefahren. Eigentlich wollten sie mich mitnehmen, aber wir hatten ja selbst etwas vor, und deswegen habe ich ihnen abgesagt. Wenn ich das alles vorher so gewusst hätte! Dann hätte ich vielleicht doch mit dir lieber die Schiffstour gemacht."

„Ja, schade! Wir sind ja schon ganz früh morgens los, meine Freundin Thea und ich. Ich fand die ganze Fahrt sehr schön, aber leider gehört meine Freundin zu den Menschen, die auch immer etwas zum Nörgeln finden. Auf dem Schiff waren ihr zu viele Leute, die Sonne schien ihr zu heiß, und der Wind wehte ihr zu stark. Setz dich schon einmal! Ich hole uns gleich den Kuchen herein!"

„Ich kann dir dabei helfen", schlug Laura vor. „Dann brauchst du nicht so oft zu laufen. Das ist natürlich blöd mit Thea. Dann hat sie dir bestimmt den ganzen Tag vermiest."

Doro lächelte. „Nein. Ich lasse mir so einen schönen Tag doch nicht verderben. Ich habe trotzdem die Sonne und den erfrischenden Wind genossen. Was hast du denn dann gemacht, gestern, so den ganzen Tag?"

„Ich habe erst ein bisschen gemalt, und dann Flöte geübt. Später habe ich noch ein bisschen gelesen und einen Film im Fernsehen geschaut. Das war ein Märchenfilm, der war ganz hübsch. Vom Wasser des Lebens."

Die Tante nickte. „Ja, den kenne ich auch, jedenfalls das Märchen. Der junge Prinz hat eine ganze Reihe von Aufgaben zu erfüllen. Aber am Ende schafft er es, wie in vielen Märchen."

In der Küche stellte die ältere Dame einen Teller mit Kuchenstücken und eine Schale mit Gebäck auf ein Tablett, das sie in die Hand nahm. „Dort drüben steht die Kakaokanne. Die kannst du bitte nehmen."

Sie kehrten ins Wohnzimmer zurück und setzten sich auf die bequemen Polsterstühle.

„Dann lass es dir gut schmecken!" wünschte die Tante ihrem Patenkind. Die Torte hat mir mein Bruder gebracht, und die anderen Kuchen sind selbst gebacken. Kirschkuchen und Apfelkuchen, nimm dir, was du magst! Und da drüben steht auch die Sahne!"

Laura bediente sich mit einem Stück Schokoladentorte und trank den warmen Kakao in kleinen Schlucken. Sie seufzte. „In ein paar Tagen bekommen wir Ferien! Endlich! Leider fahren wir nicht in Urlaub. Erst im Herbst, wenn Mama und Papa auch frei haben."

„Wir können auch ein paar Unternehmungen machen", schlug die Tante vor. „Verschiedene Ausflüge und ein Picknick.

Was für ein Glück, dass ich schon Rentnerin bin! Ich habe Zeit, meine Kleine."

Laura protestierte. „Kleine?! Ich bin immerhin schon elf Jahre alt. Damit ist man schon ganz schön groß. Auf jeden Fall freue ich mich, dass ich dann erst einmal keine Schule habe. Willst du wissen, wovon Anna und ich träumen?"

„Ja, ich bin neugierig."

„Meine Freundin und ich, wir möchten gern die Schule wechseln."

„Die Schule wechseln? Warum denn? Ihr seid doch noch gar nicht so lange auf dieser Schule. Gibt es da einen besonderen Grund?" erkundigte sich Doro verwundert.

„Anna wird von den Mitschülerinnen gemobbt, besonders von Jessica und Sabine. Sie wird immer von den beiden ausgelacht, besonders, weil sie nicht so teure Klamotten hat und nicht so reiche Eltern. Aber auch, weil sie nicht so schlagfertig ist und nicht so frech wie die beiden. Sie leidet ganz schön darunter."

„Dagegen muss man unbedingt etwas tun", fand die Tante. „Hast du auch einen besonderen Grund, oder möchtest du einfach nur mit deiner Freundin zusammenbleiben?"

„Ich finde die Schule einfach igitt-igitt. Das ist einfach so", behauptete Laura.

„Vielleicht gibt es doch Gründe dafür", vermutete die ältere Dame. „Wenn du dich mal ganz ehrlich selber fragst: Was für ein Gefühl hast du denn, wenn du an die Schule denkst?"

Laura schloss die Augen und schwieg einen Augenblick. Als sie die Lider wieder hob, sah sie die Patentante mit großen Augen an. „Ich habe Angst. Und ich erinnere mich jetzt auch gerade daran, dass ich in der letzten Zeit ganz viele Albträume hatte. Vielleicht hat das auch damit zu tun."

Doro hob die Augenbrauen. „Oh! Das ist schlecht. Das habe ich nicht gewusst. Hast du denn schon einmal mit Mama und Papa darüber geredet?"

Laura schüttelte den Kopf. „Nein, noch nicht. Die beiden haben auch immer so wenig Zeit und furchtbar viel Stress, da kann ich ihnen auch nicht noch mit meinen Gedanken und Sorgen kommen. Außerdem haben sie auch kein Verständnis für mich, nicht wenn es um die Schule geht."

„Wie kommst du denn darauf?"

„Sie sagen immer, dass es mir furchtbar gut geht, weil ich in die Schule darf. In der Schule, da sei es noch schön, erst in der Arbeit, da finge das harte Leben an. Und sie sagen mir immer, dass es ganz viele Kinder gibt, die schrecklich gern in die Schule gehen möchten, die aber stattdessen arbeiten müssen oder keine Gelegenheit haben, in eine Schule gehen zu können. Es gäbe auf der Welt so viele Kinder, denen es sehr viel schlechter ginge als mir. Ja, das weiß ich auch, in anderen Ländern und auch in anderen Erdteilen, da geht es vielen Kindern viel schlechter als mir, die müssen sogar vor Hunger sterben oder, weil sie nicht die richtigen Medikamente bekommen. Da würden es Mama und Papa wohl sehr undankbar von mir finden, wenn ich mich über die Schule beklage."

„So kann man das wirklich nicht verallgemeinern, liebe Laura. Natürlich haben es hier die Kinder sehr gut, dass sie in diesem Land die Möglichkeit haben, in den Schulen etwas lernen zu können. Das ist schon richtig. Aber wenn man Angst vor etwas hat, dann hat das auch einen besonderen Grund. Weißt du denn, vor wem oder was du besondere Angst hast?"

„Es fängt schon abends an, wenn ich mich ins Bett lege, um zu schlafen. Wenn ich dann daran denke, dass ich am andern Morgen zur Schule muss, dann wird es mir richtig komisch im Magen. Wenn ich dann am anderen Morgen aufwache, habe ich sogar oft Bauchschmerzen. Manchmal ist es mir übel, und manchmal fühle ich mich richtig krank. Dann möchte ich am liebsten zu Hause bleiben."

„Hast du das schon einmal deinen Eltern gesagt?" erkundigte sich Doro.

„Ja, wenn es mir manchmal ganz richtig schlecht geht, dann sage ich zu Mama, dass ich Bauchweh habe, und dann ist es auch schon vorgekommen, dass sie mich gebeten hat, zu Hause zu bleiben. Aber im Grunde genommen wird alles dadurch nur noch schlimmer. Denn wenn ich nicht in die Schule gehe und alles verpasse, was dort läuft, dann komme ich gar nicht mehr mit. Das ist also so eine Art Teufelskreis."

„Dagegen müssen wir aber ganz schnell etwas tun", entschied die Tante. „Mit der Angst ist das nämlich so eine Sache."

Laura seufzte. „Angst ist etwas Scheußliches, nicht wahr! Ich glaube, Sabine und Jessica haben überhaupt keine Angst. Sie sind immer so mutig und so frech. Manchmal möchte ich auch so sein wie die, ich möchte auch keine Angst haben."

2. Kapitel

„Du brauchst dir nicht zu wünschen, so zu sein, wie jemand anderes. Da weiß man nie, wie es in denen wirklich aussieht. Und wenn du das vielleicht wüsstest, hättest du vermutlich nicht mehr den Wunsch, mit ihnen tauschen zu wollen. Die Angst ist ja nicht grundsätzlich etwas Schlechtes."

Laura riss die Augen auf. „Angst ist nichts Schlechtes? Für mich ist Angst etwas Fürchterliches."

„Die Angst gehört zu der Natur des Menschen. Und sie ist auch sehr wichtig. Sie wurde ihm gegeben, damit er vor Gefahren gewarnt wird. Das war vor unzähligen Jahren sehr wichtig, als es bei den Menschen noch nicht so zivilisiert zuging wie heute. Da musste er ständig vor vielen Gefahren gewarnt sein. Stell dir einmal die Menschen in der Urzeit vor, und überlege einmal, welche Gefahren es da gab!"

„Ja natürlich", gab Laura zu. „Der Urmensch musste überleben unter ganz anderen Verhältnissen, als der Mensch von heute. Da gab es wilde Tiere als Feinde, und wer weiß was noch mehr. Er musste sich vor allerlei Gefahren schützen."

„Genauso ist es. Damals hatte der Mensch noch seine Urinstinkte. Nach denen konnte er sich ganz gut richten, und die haben ihm dann gesagt, wie die Gefahrenlage sein könnte. Sozusagen auch ein Bauchgefühl. Die Angst hat ihm dann gesagt, dass er einen Fluchtweg einschlagen musste, wenn eine Gefahr drohte. Insofern hat ihn die Angst auch dann gerettet, ihm das Leben gerettet. Und das ist in manchen Dingen auch heute noch so. Wenn du an einem Abgrund stehst, dann kann dir das Gefühl sagen: Hab Angst davor, zu nahe an den Abgrund zu gehen, sonst fällst du da hinunter! So gibt es heute noch ganz viele Möglichkeiten, Situationen zu entdecken, in denen die Angst nützlich und lebensrettend sein kann."

„Aber meine Angst vor der Schule ist nicht lebensrettend", warf Laura ein. „Warum habe ich dann so eine verrückte Angst, die mich so quält?"

„Das werden wir schon gemeinsam herausfinden. Es gibt also Angst, die gut ist, die einem hilft, und es gibt die Angst, für die es scheinbar keinen Grund gibt, und der muss man auf den Grund gehen. Hast du schon einmal etwas von Konfrontationstherapie gehört?"

Lauern nickte. „Ja. Darüber haben wir einmal in der Schule gesprochen. Es gibt ja auch Menschen, die Angst vor Spinnen haben. Und dann muss man hingehen und sich näher mit diesen Tierchen beschäftigen. Man muss sie sich genau betrachten, sich über sie informieren und dann langsam herausfinden, dass man vor ihnen gar keine Angst haben muss. Dafür ist es auch ganz gut, wenn man es lernt, sie zu berühren."

Die Tante lächelte ihrem Patenkind zu. „Genauso ist es. Es kann nämlich eine ganze Menge Gründe dafür geben, dass du eine solche Angst vor der Schule hast. Und die müssen wir herausfinden, damit wir etwas dagegen tun können. Hast du vielleicht Angst, vor einem ganz bestimmten Lehrer? Ist einer von ihnen nicht nett zu dir?"

Laura überlegte. „Die meisten sind so ganz nett. Frau Winzer, unsere Deutschlehrerin, die ist sehr nett. Die habe ich auch am liebsten. Wenn wir Aufsätze schreiben, dann finde ich den Unterricht ganz gut. Auch Frau Lieblich, unsere Englischlehrerin ist eine ganz verständnisvolle Frau. Wenn jemand Probleme hat, geht der einfach zu ihr. Das hat sie uns auch angeboten."

Doro sah ihr Patenkind aufmerksam an. „Und du? Wolltest du nicht mit ihr sprechen?"

„Nein. Ich geniere mich. Im Augenblick kommen wir nämlich ganz gut miteinander aus. Sie kann das Englisch sehr gut unterrichten, es fällt mir nicht schwer bei ihr. Diese Unterrichtsstunden sind ein Lichtblick wie die Deutschstunden. Im Augenblick hält sie sehr viel von mir. Meine Note ist auch nicht schlecht. Wenn ich ihr aber irgendetwas von meinen Ängsten erzähle, dann findet sie mich bestimmt nicht mehr so gut. Dann habe ich bestimmt in ihren Augen etwas verloren. Und das möchte ich auf keinen Fall riskieren."

„Gut, Laura. Halten wir schon einmal fest, dass du dich vor der netten Lehrerin nicht blamieren möchtest. Darüber werden wir später noch einmal reden. Aber zunächst möchte ich doch noch einmal mit dir die Lehrer durchgehen. Hast du einen Lehrer dabei, von dem du Angst hast oder den du überhaupt nicht magst?"

Das Mädchen nickte. „Ja, das ist Herr Motsch. Anna und ich haben von ihm den Eindruck, dass er gar kein persönliches Verhältnis zu uns sucht. Er ist sehr streng und zeigt sofort seine Antipathie, wenn einer keine gute Leistung bringt."

„Darunter kann ich mir im Moment nichts vorstellen. Wie äußert sich das denn bei ihm? Kannst du mir ein Beispiel nennen?"

„Also, das macht er eigentlich nicht mit Worten, sondern eher mit Blicken, die er einem da zuwirft, wenn etwas falsch ist. Da liegt ganz viel Missachtung in seinen Augen. Man hat dann das Gefühl, dass er einen für doof hält. Und dann nimmt er einen einfach eine ganze Weile nicht mehr dran, so, als wäre man gar nicht da, als wäre es ihm lästig, dumme Kinder zu unterrichten."

„Ah, ja. Dann kann ich mir etwas darunter vorstellen. Dann ist er auch ein ganz spezielles Thema, und es sollte einmal jemand mit ihm reden. Du hast gesagt, deine Freundin Anna empfindet das genauso?"

Laura nickte. „Ja, sie gehört auch zu denen, auf die er so herablassend heruntersieht. Wir haben übrigens auch einen neuen Mitschüler bekommen. Er heißt Max und alle Mädchen schwärmen schon für ihn. Natürlich haben sich Jessica und Sabine sofort an ihn herangedrängelt. Ich denke, sie wollen ihn in ihrem Kreis haben."

„Wenn er ein vernünftiger Junge ist, wird er sich seine Freunde selbst aussuchen", fand Tante Doro.

„Das hoffen wir auch, Anna und ich. Die beiden haben ihn nämlich zu einem Eis eingeladen, aber er hat erst einmal abgelehnt, weil er seinen Eltern noch bei den Umzugsarbeiten helfen muss. Meinst du denn, du bekommst meine Schulangst hin, so, dass ich sogar in dieser Schule bleiben könnte?"

„Ja, mein Liebes! Wenn deine Ängste begründet sind, dann werden wir den Ursachen begegnen. Manchmal ist das mit den Ängsten aber auch ganz schön verworren, weil sie oft tief in uns liegen und etwas ganz anderes bedeuten, als wir ahnen. Wenn du magst, können wir uns jeden Tag ein bisschen darüber unterhalten. Aber dabei wollen wir alles andere nicht vergessen. Für heute hast du mir schon einmal genug Informationen gegeben. Jetzt lassen wir uns erst einmal den Kuchen schmecken. Und wenn du morgen noch ein Stündchen Zeit hast, dann unterhalten wir uns weiter."

„Das ist prima, dass du mich verstehst", freute sich Laura. „Anna und ich, wir hatten schon einmal überlegt, einfach fort zu laufen. Aber das ist schließlich keine Lösung, glaube ich. Damit würden wir unsere Eltern sehr traurig machen. Und was sollen wir auch irgendwo in der Fremde tun? Wir sind ja leider noch Kinder und dürfen noch nicht für uns selber sorgen."

„Weglaufen ist in solchen Fällen keine Lösung. Es gibt eine ganze Menge Probleme, vor denen man nicht weglaufen kann. Wenn es irgendwo brennt oder eine ähnliche Gefahr droht, ja, dann sagt einem die Angst, es ist wichtig, sich von der Gefahrenstelle zu entfernen. Aber wenn du hier von einer Schule in die andere wegläufst, ohne deine Ängste genau zu untersuchen, dann könntest du dort wieder die gleichen Probleme bekommen."

Laura lächelte matt und seufzte. „Gut, wenn du das sagst, dann glaube ich dir das jetzt erst einmal." Mit kleinen Schlucken trank sie den inzwischen lauwarm abgekühlten Kakao. „Mhm, lecker! Das schmeckt wie Schokolade."

3. Kapitel

Als Laura nach Hause kam, begegnete ihr der Bruder Marco. „Wo bist du denn gewesen?" fragte er vorwurfsvoll. „Musst du keine Hausaufgaben machen?"

„Ich bin schon lange fertig. So kurz vor den Ferien, haben wir nicht mehr viel auf. Und warum interessierst du dich dafür? Hast du denn deine eigenen Arbeiten schon gemacht?"

„Natürlich, und jetzt gehe ich zu Tom zum Computer spielen. Und du warst wieder bei der verrückten Tante da drüben?"

„Sie ist doch nicht verrückt. Sie ist völlig normal. Was findest du denn an ihr verrückt?"

„Sie nennt sich eine Künstlerin und malt immer so verrückte Sachen, auch ihre Skulpturen sind total komisch. Dann reist sie dauernd in der Welt herum und hat ihre komischen Vereine, mit denen sie die Welt verbessern will. Ich finde, sie ist ja ganz lieb, aber sie hat doch einen großen Tick."

Laura protestierte. „So ein Quatsch! Sie hat eben ein paar Talente und beschäftigt sich damit. Ich finde, sie ist eine tolle Frau. Ich will auch einmal so werden wie sie. Sie macht alles, was sie möchte und ist dabei sehr glücklich. Warum hast du nur solche Vorurteile? Was hast du denn genau gegen sie? Sie tut doch niemandem etwas Böses."

„Ich denke, sie will immer etwas Besonderes sein. Ich habe das Gefühl, dass sie auf uns normale Menschen herabsieht."

Laura schüttelte den Kopf. „Das bildest du dir nur ein. Ich habe mich eben sehr gut mit ihr unterhalten, und ich werde in den Ferien ganz viel mit ihr unternehmen. Du weißt einfach zu wenig von ihr, weil du sie nicht oft besuchst. Mach dir einmal die Mühe und lerne sie ein bisschen kennen! Dann wirst du dir auch eine richtige Meinung über sie bilden können. Ich finde sie ganz super."

Marco grinste. „Nee. Bei der ist es mir zu langweilig. Da spiele ich lieber mit meinen

Freunden. Du musst selbst wissen, was du tust." Er sah sie mitleidig an und winkte ihr noch einmal zu, bevor er das Haus verließ.

In der Küche werkelten Lorena und ihre Freundin Natascha. „Wir machen uns gerade Pizza", verkündete die ältere Schwester. „Magst du auch ein Stück?"

„Na klar! Heb mir etwas auf! Ist Mama schon wieder da?"

„Ja, die war zwischendurch wieder hier. Aber kurz darauf wurde sie schon wieder in die Klinik gerufen. Wir sollen mit dem Essen nicht auf sie warten. Es könnte spät werden. Es gab wohl auf der Autobahn einen Unfall mit mehreren Verletzten, und die müssen jetzt erst einmal versorgt werden. Die saßen alle in einem Reisebus. Zum Glück sind die meisten nur leicht verletzt worden. Hat Tante Doro noch irgendetwas Wichtiges gesagt?"

„Wir haben zusammen Kuchen gegessen", verriet Laura. „Und ich werde in den Ferien mit ihr ein paar Unternehmungen machen."

Lorena hob die Augenbrauen. „Mit Doro? Ist dir das nicht zu langweilig. Sie ist eine alte Frau."

„So alt ist sie doch noch gar nicht", fand Laura. „Und außerdem war sie auch mal jung und scheint schon eine ganze Menge erlebt zu haben. Außerdem fährt meine Freundin Anna in den ersten zwei Wochen der Ferien mit ihren Eltern nach Italien. Da habe ich sowieso viel Zeit."

„Hast du denn keine anderen Freunde? Du solltest dich mal ein bisschen mehr in deiner Klasse umschauen. Da gibt es doch bestimmt noch mehr nette Kinder."

„Nicht viele. Die netten wohnen alle ziemlich weit weg von hier, und die hier in der Nähe wohnen, das sind alles diese Zicken, die sich für etwas Besseres halten. Jessica und Sabine, das sind die schlimmsten Mitschülerinnen, die kommen jeden Tag in neuen Klamotten an und protzen damit, dass ihre Eltern so viel Geld haben."

„Ich möchte auch so viel Geld haben", wünschte sich Lorena. „Ich wüsste auch, was ich damit anfangen würde. Dann könnte ich auch jetzt schon meinen Führerschein machen und würde mir ein kleines Auto kaufen. Einen kleinen, ganz schicken Wagen."

„Du hast aber Wünsche!" staunte Laura.

„Hast du etwas von Papa gehört? Wann kommt er denn von seiner Dienstreise zurück?"

„Vielleicht morgen. Die Messe ist jetzt vorbei, aber er muss noch ein paar Professoren die neuesten medizinischen Geräte erklären. Das gehört eben einfach zu seinem Job dazu. Da kann man nichts machen. Er lässt dich aber auch schön grüßen."

„Na schön! Dann lese ich mal in meinem Buch weiter. Wenn du mich suchst, ich bin in meinem Zimmer."

„Du mit deiner Schmökerei! Natascha und ich, wir sehen uns jetzt einen Film an. Sie hat eine DVD mitgebracht mit einem super tollen Film, das wird richtig cool. Hast du eigentlich schon deine Schulaufgaben fertig?"

„Ihr immer mit euren Schulaufgaben!" schimpfte Laura. „Das ist ja nicht mehr zum Aushalten."

Sie eilte die Treppe hinauf und warf sich in ihrem Zimmer auf das Bett. Tatsächlich! Was war das für eine verrückte Welt: Lorena und Marco sprachen mit ihr ständig von den Schulaufgaben, Vater und Mutter waren nicht da, die Freundin unterwegs. Nur die Patentante, die schon ein ganzes Stück älter war als sie, hatte Zeit gehabt und versprochen, ihr zu helfen.

Nachdem sie eine Weile über ihr Leben und diese spezielle Situation nachgegrübelt hatte, stand sie auf, legte ihre Lieblings CD in den Player und begann, etwas Gymnastik zu üben und ein bisschen im Zimmer umher zu tanzen.

Danach ging es ihr schon wieder etwas besser, und sie dachte an die tröstenden Worte ihrer Tante. Sie hatte versprochen, ihr zu helfen.

Das Handy meldete sich und die Freundin Anna begrüßte Laura. „Hallo! War dein Sonntag auch so bescheiden?"

Laura nickte. „Ja, teilweise. Bei dir etwa auch?"

„Oh ja! Und das hatte ich nicht vermutet. Aber mein Vater ließ uns ewig lange wandern, und ich habe natürlich in meinen neuen Schuhen Blasen bekommen. Zwar hatten wir auch das nötige Pflaster mit, aber damit war es schließlich auch nicht viel besser. Und es war schrecklich heiß, weil dort überhaupt kein Schatten war. Und dann haben sich meine Eltern auch noch gestritten und auf der Heimfahrt kein Wort mehr miteinander geredet. Jetzt hat jeder für sich allein auf seinem Zimmer gegessen. Ich hatte meinen Vater gefragt, ob ich noch etwas zu dir kommen darf. Aber er hat es mir leider nicht erlaubt. Er meinte, dazu sei es heute schon viel zu spät. Und außerdem könnte ich ja die Zeit noch nutzen, um etwas für die Schule zu üben."

Laura stöhnte. „Haben sie jetzt alle nichts anderes mehr im Kopf als die Schule?! Meine Geschwister sind auch schon auf diesem Trip. Sie fragen ständig nach meinen Hausaufgaben. Dabei sind doch meine Noten ganz durchschnittlich, in den meisten Fächern jedenfalls. Ich glaube, die Welt ist ganz schön verrückt. Findest du das nicht auch?"

„Ja, das finde ich auch. Und wir sollten uns wirklich langsam einmal überlegen, ob wir nicht die Schule wechseln sollen."

„Ich glaube, da habe ich Neuigkeiten für dich. Ich war nämlich heute ganz kurz bei meiner Tante, die gestern Geburtstag hatte. Sie ist ganz patent, auch wenn mein Bruder Marco sie für verrückt hält. Sie hat mir tatsächlich Hoffnung gemacht, dass es eine Möglichkeit gibt, die Schule nicht mehr so abstoßend zu finden. Ich weiß zwar nicht, wie sie das machen will, aber ich traue ihr eine ganze Menge zu."

„Was will sie denn mit dir machen? Einen Yoga-Kurs?"

„Nein, ich glaube, das geht so ein bisschen auf Psychotour. Ich habe auch noch keine Ahnung, aber ich bin sehr gespannt. In der Zeit, während du in Italien bist, unternehme ich dann auch ein paar Tagestouren mit ihr und dabei will sie wohl auch immer etwas mit mir reden."

„Hört sich nicht besonders spannend an", fand Anna. „Aber wahrscheinlich ist es immer noch besser als mein Urlaub nach Italien. Dabei werden sich meine Eltern ja doch immer nur streiten, und ich werde mir Gedanken machen, wie lange diese Ehe überhaupt noch hält."

„Das tut mir aber leid! Die Schule ist schon schlimm genug, und nun musst du dir noch Sorgen über deine Eltern machen. Meine Eltern sind durch ihren Beruf sehr viel getrennt, vielleicht ist das gerade gut, dass sie sich nicht so oft sehen. Dann können sie sich auch nicht zu oft streiten."

Anna seufzte. „Die Menschen sind schon ein komisches Volk. Warum können sie nicht vernünftig diskutieren, sondern müssen sich immer streiten und dabei beleidigen. Wenn sie Roboter wären, käme das nicht vor."

„Ja, und stell dir nur vor, Jessica und Sabine wären dann auch Roboter. Dann könnten sie vielleicht auch nicht so viel Unheil anrichten. Hast du bemerkt, wie sie sich an Max heranschleimen?"

„Klar! Sie machen das ganz dreist und versuchen es nicht einmal zu verstecken. Ich habe gesehen, wie Sabine ihr Schauspielerlächeln aufgesetzt hat. Aber Max hat nicht so ausgesehen, als würde er sich von einer solchen Spinne einfangen lassen. Trotzdem habe ich mir natürlich überlegt, womit wir den beiden Konkurrenz machen könnten."

Laura überlegte. „Die meisten Jungen treiben doch irgendeinen Sport. Wenn Max Fußball spielt, können wir einmal zum Fußballplatz gehen und ihn anfeuern. Wir müssen herausfinden, welche Hobbys er hat. Aber vielleicht ist er auch im Moment gar nicht interessiert an Freundschaften mit Mädchen. Mein Bruder hat mir erzählt, dass es bei Jungen solche Phasen gibt, in denen sie Mädchen doof finden."

„Ich bin froh, dass ich dich als Freundin habe", bekannte Anna. „Wir können über alles miteinander reden, und wir verstehen uns toll. Ich glaube, wenn ich dich nicht hätte, wäre ich schon von zu Hause fortgelaufen."

„Darüber habe ich heute auch mit meiner Patentante gesprochen. Die meinte, es bringt überhaupt nichts, vor solchen Problemen, wie wir sie haben, fortzulaufen. Sie will mir ein paar Tipps geben, damit wir es doch noch schaffen, ganz gut durch diese Schulzeit zu kommen. Ich werde dir davon berichten, dann werden wir beide wohl bald wieder mehr Spaß haben."

Anna freute sich. „Ich habe zwar keine Ahnung, welche Ideen deine Tante hat. Und ich bin schon sehr gespannt, wie sie uns helfen will. Meine Mutter ruft mich gerade, mal sehen, was sie wieder zu meckern hat. Da muss ich schnell zu ihr gehen. Wir sehen uns dann morgen! Tschüss und Ciao!"

4. Kapitel

Tante Doro und Laura saßen am Bach und räumten die Reste des Picknicks in den Korb.

Das Mädchen schob sich das letzte Stück eines gegrillten Rostbratwürstchens in den Mund und leckte sich den Ketchup vom Finger. „Das war eine super Idee mit dem Einmal-Grill", fand sie. „Hier draußen, frisch gegrillt, schmecken die Würstchen am besten. Schade, dass Anna heute nicht mit uns kommen durfte. Das hätte ihr bestimmt auch Spaß gemacht."

Doro lächelte. „Man muss die schönen Sonnentage einfach ausnutzen. Die Natur kann ein sinnvolles Geschenk für den Menschen sein. Das ist nicht nur die frische Luft, da sind auch die vielen Dinge in der Natur, die die Seele erfreuen. Mir haben eben die Enten viel Spaß gemacht, die uns hier besuchten und ein bisschen mitfuttern wollten. Das war fast wie in meiner

Kindheit, als ich mit meiner Oma Enten füttern ging."

„Hattest du auch Angst gehabt?" erkundigte sich Laura.

„Ja, in manchen Zeiten hatte ich Angst vor meinem strengen Vater, dem ich am liebsten alles recht machen wollte. Aber es ist mir so selten gelungen, weil er so andere Vorstellungen von mir hatte. Er hat mich immer schon wie einen kleinen Erwachsenen behandelt und hatte wenig Verständnis für meine Kinderträume. Erst als ich dann entdeckte, dass er ein ganz normaler Mensch ist, der auch Fehler macht, verlor ich die Angst vor ihm. In dieser bedrückenden Phase wirkte sich meine Angst auch auf die Schule aus. Ich wollte möglichst gute Noten mit nach Hause bringen, um es meinem Vater recht zu machen. Aber vor lauter Angst, etwas falsch zu machen, konnte ich mich gar nicht konzentrieren."

„Das ist bei mir auch manchmal so", gab Laura zu. „Ich möchte in der Schule unbedingt immer nur richtige Antworten geben. Es ist einfach schrecklich, wenn man so dasteht und sich für eine falsche Antwort schämt."

„Das Gefühl kenne ich", berichtete Doro. „Und man muss wirklich erst lernen, dass man sich da nicht zu schämen braucht. Man geht in die Schule, um zu lernen. Wenn man schon alles wüsste und keine Fehler machte, dann brauchte man nicht mehr in die Schule zu gehen. Und ein Fehler gehört einfach zum Lernen und zum Leben dazu. Wichtig ist nur, dass man weiter dazu lernen will und Fehler, die man bereits gemacht hat, in Zukunft zu vermeiden versucht. Das kann man sich sehr schön mit einem Beispiel aus dem Kochen im Gedächtnis einprägen. Kein Mensch erwartet von dir, dass du schon von Anfang an ein perfekter Koch bist oder eine perfekte Köchin. Wenn du zum ersten Mal einen Fehler gemacht hast und die Suppe ist versalzen, dann achtest du schon beim nächsten Mal darauf, dass du von Anfang an das Salz etwas vorsichtiger dosierst. Beim Kochen lernt man auch durch das Probieren und durch das Üben. Es ist gut, wenn du dir auch in der Schule merkst, was du falsch gemacht hast. Das kann dich dann beim nächsten Mal daran erinnern, dass du diesen Fehler kein zweites Mal begehst. Menschen machen ihr ganzes Leben lang Fehler. Von Anfang an, bis ins hohe Alter, bis sie sterben. Das ist einfach normal. Und je mehr man tut, desto mehr Fehler können einem passieren. Da gibt es auch einige alte Sprichworte. Zum Beispiel: „Wo gehobelt wird, fallen Späne." Deswegen ist es eben gut, sich nicht von Fehlern entmutigen zu lassen und immer wieder von vorne zu beginnen. Du kannst dabei auch an die kleinen Kinder denken, die anfangen zu laufen. Am Anfang können sie nur einen oder zwei Schritte gehen, und dann fallen sie um. Aber sie sind noch ganz mutig, ganz intuitiv. Sie stehen immer wieder auf und versuchen, neue Schritte zu gehen, bis sie endlich laufen können. Und in dieser Zeit fallen sie sehr viel, sehr oft. Es ist gut, wenn man sich merkt, dass man einmal diesen Mut hatte, immer wieder aufzustehen. Denn sonst würden wir alle nur auf dem Boden herumkrabbeln."

„Das ist eine lustige Vorstellung", fand Laura. „Und damals hat man sich bestimmt gar keine Gedanken darüber gemacht, ob einen die Umstehenden ausgelacht haben oder nicht. Selbst, wenn es noch so drollig aussah. Es ist ganz natürlich, wieder aufzustehen. Aber wenn man sich durch einen Fehler blamiert hat, dann denkt man, die anderen finden einen jetzt total doof. Und man ist sicher, dass sie einen im Geheimen auslachen."

Tante Doro nickte. „Ja, manchmal lachen sie auch. Da gibt es schon wieder einen Spruch, und der heißt: „Schadenfreude ist die reinste Freude". Wenn man sieht, dass ein anderer etwas falsch macht, dann freut es einen, dass man selbst nicht in dieser Lage ist. Man fühlt sich gut, weil es diesmal ein anderer ist, der den Schaden hat, der einen Fehler macht. Man freut sich, man ist froh, weil man selbst in diesem Augenblick alles richtig gemacht hat. Schadenfreude ist eigentlich gar nicht so etwas Schlimmes, wie man denkt."

„Du meinst, die andern freuen sich, weil sie selbst nicht betroffen sind, gerade in diesem Moment", überlegte Laura.

„Genau. Und wenn die Menschen mit Schadenfreude dann mal einen Pechvogel sehen, der oft einen Fehler macht, dann finden sie das natürlich noch lustiger. Sie freuen sich, weil sie selbst nicht betroffen sind. Wenn man sich das so überlegt, kann man es sogar verstehen. Aber im Grunde genommen sind solche Emotionen auch immer ganz schnell wieder vorbei. Und derjenige, der gerade schadenfroh war, kann im nächsten Moment schon selbst ein Pechvogel sein. Die Zeit ist nämlich etwas sehr Schnelllebiges."

Laura sah die Tante mit großen Augen an. „Wie meinst du das? Was hat das jetzt mit der Zeit zu tun?"

„Das beste Beispiel gibt dir dabei eine Tageszeitung, in der heute alles aktuell und neu ist. Aber am Tag drauf ist sie schon wieder alt, und es sind schon wieder andere Ereignisse völlig neu. Wenn du dir einmal berühmte Leute anschaust, Schauspieler oder Sportler, von denen du ganz viel in der Zeitung liest, dann kannst du das auch immer sehr gut beobachten. Heute ist einer berühmt und wird gelobt und hochgejubelt und morgen ist einer schon wieder out und völlig vergessen. Das geht oft ganz schnell. Es geht manchmal um große Rekorde: höher, schneller, weiter! Aber schon nach kurzer Zeit sind Rekorde schon wieder überholt, und alles ist noch höher und noch schneller und noch weiter. Wer heute ausgelacht wird, kann schon morgen wieder einen Grund haben, über andere zu lachen. Es gibt ja noch viele andere Dinge im Leben, die viel wichtiger sind. Und wenn dich heute eine Mitschülerin über einen Fehler auslacht, dann hat sie das vielleicht schon eine Stunde später wieder vergessen, weil sie von ihrer Mutter gerügt wird wegen eines unordentlichen Zimmers."

„Ich möchte am liebsten schon alles gut und richtig machen und allen zeigen, dass ich alles kann."

Die Tante lächelte. „Ja, das möchten wohl die meisten. Aber wir sind Menschen und keine Roboter, und wir leben hier auf einer Erde, die so bunt und verschieden ist, dass sie immer wieder Überraschungen für uns bereithält. Du möchtest etwas richtig machen, damit man dich lobt oder bewundert, oder vielleicht auch nur, damit man dich anerkennt und liebt?"

„Oh nein! So viel ist es nicht. Ich möchte nur nicht unangenehm auffallen. Ich brauche nicht viel Aufmerksamkeit von den anderen und will auch nicht immer die Beste sein. Ich will auch nicht immer nur Sieger sein und weiß auch, dass ich kein schlechter Verlierer bin. Ich möchte nur ein bisschen anerkannt sein."

„Ja, das kann ich verstehen. Du willst, dass dich die anderen in Ordnung finden, so wie du bist. Aber überlege dir einmal, was es bedeutet, wenn man dich anerkennt. In diesem Wort „Anerkennen" liegt auch das Wort erkennen. Also praktisch ein „Annehmen" nach einem „Erkennen". Aber kennen dich die anderen wirklich? Und wollen sie dich überhaupt erkennen? Bist du ihnen so wichtig, dass sie dich erkennen wollen. Und ist es überhaupt für dich wichtig, dass du von all denen erkannt und angenommen wirst."

„Ja, ich bin nun einmal in dieser Schulklasse. Da wünsche ich mir auch, von allen erkannt und angenommen zu werden. Aber wenn ich jetzt so darüber nachdenke, kommt es mir schon wieder etwas komisch vor. Wir sind über zwanzig Schüler in dieser Klasse. Und ich erwarte, dass mich alle ein bisschen mögen. Das ist wahrscheinlich zu viel verlangt."

Tante Doro nickte. „Das fürchte ich auch. Egal ob in einer Schulklasse, oder in einem Verein oder im späteren Berufsleben. Ich bin ganz sicher, dass man bei zwanzig Kollegen nicht zwanzig Menschen findet, die einen mögen oder mit denen man auf einer Wellenlänge liegt."

„Das klingt einleuchtend. Wie schafft man es denn, ganz unabhängig zu sein? Man möchte doch, dass einen die Menschen beachten und gut finden. Kann man da etwas dafür tun, dass man die Meinung der anderen nicht so wichtig findet?"

Die ältere Dame nickte. „Ein gutes Selbstbewusstsein, ein gesundes, auf jeden Fall. Wir werden einmal gemeinsam überlegen, wie du dein Selbstvertrauen etwas stärken kannst. Man kann lernen, sich selbst so anzuerkennen, wie man ist. Das bedeutet natürlich nicht, dass man einfach seine Mitmenschen missachten soll. Aber wenn man die guten Seiten in sich sieht und anerkennt, dann ist man nicht mehr so auf die Meinung der Mitmenschen angewiesen. Du sagst dir, dass alles in Ordnung ist, wenn du dein Bestes gibst. Und wenn das einem anderen nicht genügt und er dich trotzdem nicht gut findet, dann sollte es dir egal sein.

Das kann man mit der Zeit schon ein bisschen lernen."

„Das macht natürlich Hoffnung. Sollte ich mir also vorstellen, dass ein anderer Mensch blind ist, wenn er meine guten Seiten nicht sieht?"

„Das ist schon einmal ein guter Merksatz", fand Tante Doro. „Und wozu hast du jetzt Lust? Ich habe das Federballspiel mitgenommen. Sollen wir damit ein Spiel machen?"

„Oh ja! Dazu habe ich Lust. Aber möglicherweise ist es ein wenig zu windig dazu. Lass es uns einfach probieren!"

Sie standen auf, packten das Federballspiel aus und schlugen die Bälle hin und her. Tatsächlich mischte sich wie erwartet ein leichter Wind ein, der ihnen aber mit seinen unerwarteten Böen viel Spaß bereitete.

5.Kapitel

Laura und Anna trafen sich im Eissalon und bestellten sich eine große Portion Stracciatella- Eis.

„Und? Wie war es mit deiner Tante?" erkundigte sich die Freundin.

„Wir haben einen tollen Ausflug gemacht, mit einem Picknick und guten Gesprächen. Und sie meint, man muss lernen, ein gesundes Selbstbewusstsein zu entwickeln, damit man sich von der Meinung anderer unabhängig macht und sich nicht irritieren lässt."

„Das ist sicher leichter gesagt als getan. Muss man dann immer sagen: „Ich bin gut"? Muss man sich dann immer selbst auf die Schulter klopfen, wenn man etwas richtig gemacht hat?"

Laura lachte. „Vielleicht wäre das nicht schlecht. Aber ich glaube, man muss es auch wirklich so empfinden und so sehen. Tante

Doro meint wohl, man muss sich so akzeptieren, wie man ist."

„Ja, das verstehe ich. Da kennt mein Onkel auch ein Patentrezept. Der ist nämlich ein Pfarrer, und der sagt immer: „Wir sind alle Gottes Geschöpfe. Jeder von uns ist sehr wertvoll. Und Gott hat jeden einzelnen von uns lieb. Daher sollten wir uns auch selbst liebhaben, um das Geschenk unseres Lebens zu schützen." Ich glaube mein Onkel und deine Tante würden sich gut verstehen. Er ist übrigens Witwer und lebt allein. Sollten wir die beiden nicht einmal zusammenbringen?"

„Das ist gar keine schlechte Idee. Meine Tante macht sich auch immer so viele Gedanken. Aber ich glaube nicht, dass meine Tante Lust hat, immer zu Hause zu bleiben. Sie ist ganz oft unterwegs und macht Entdeckungsreisen, dann wäre dein Onkel wahrscheinlich oft allein."

Anna lachte. „Er ist doch jetzt auch immer allein. Er hat auch viel zu tun für seine Gemeinde. Vielleicht wären die beiden schon zufrieden, wenn sie sich zwischendurch ein bisschen unterhalten könnten. Wir können ein Picknick arrangieren, du lädst deine Tante dazu ein, und ich den Pfarrer. Ich finde, das ist eine gute Idee."

„Na gut, schaden kann es ja nicht. Aber schau doch mal! Hast du schon gesehen, wer da gerade hereinspaziert?"

Anna blickte zur Tür. „Ist es möglich? Das sind ja Jessica und Sabine. Und wen haben sie da im Schlepptau? Das ist tatsächlich Max. Hat er sich doch von ihnen einfangen lassen?!"

Die beiden Mädchen beobachteten, wie sich Max mit den beiden Begleiterinnen an den Nachbartisch setzte. „Das ist ja eklig, wie die den anglotzen", bemerkte Laura. „Kaum zu glauben, wie zuckersüß die sich geben können!"

Während sich Sabine und Jessica Eisbecher bestellten, wählte Max lediglich eine kleine Portion Fruchteis. Als er Laura und Anna bemerkte, grüßte er freundlich. „Hallo, ihr beiden! Wollt ihr euch nicht zu uns setzen?"

Jessica sprang sofort auf. „Ich finde, die beiden sitzen ganz gut an ihrem Tisch, und hier wird es sicherlich zu eng, wenn da noch zwei Personen hinzukommen."

Auch Sabine wehrte sich. „Die beiden wollen bestimmt allein sein. Das sind doch beste Freundinnen, die immer zusammenhocken."

Max hob die Augenbrauen. „Ist irgendetwas zwischen euch? Habt ihr etwa Zickenkrieg?"

Anna mischte sich ein. „Nein, wo denkst du hin?! Die beiden möchten nur mit dir allein sein. Aber das ist doch auch verständlich. Du bist neu hier bei uns in der Schule, und wir wissen noch nicht viel über dich. Außerdem haben wir unser Eis schon fast aufgegessen. Du bist ja jetzt nicht aus der Welt, und wir haben bestimmt noch einmal die Gelegenheit, miteinander Eis essen zu können. Vielleicht überraschen wir dich auch irgendwo einmal beim Sport."

Max grinste. „Ich spiele Tischtennis und will hier auch mal in einen Fußballverein eintreten. Wenn ihr dort auch seid, sehen wir uns bestimmt wieder, auch außerhalb der Schule."

„Laura und Anna wirst du auch ganz brav im Gemeindezentrum finden", wusste Sabine. „Dort ist nämlich ihr Onkel der Pfarrer, und da wird für die langweiligen Jugendlichen so allerlei ätzende Freizeitbeschäftigung angeboten. Die haben da eine Laienspielgruppe und Volkstanz, eine Disco mit kindischer Musik und sogar Bastelnachmittage wie im Kindergarten. Du würdest dich tödlich langweilen, Max. Dort treffen sich alle Kinder, die selbst keine Fantasie haben, geschweige denn Mut zum Abenteuer."

„Und was macht ihr so?" erkundigte sich Max.

Jessica hob den Kopf. „Wir schmeißen selbst Partys mit cooler Musik und allem Drum und Dran. Unsere Eltern sind oft auf Geschäftsreise, da haben wir dann auch sturmfreie Bude. Und im Swimmingpool von Sabine feiern wir oft die Poolpartys. Da kannst du dann auch exotische Cocktails probieren."

„Seid ihr denn ganz allein, wenn eure Eltern nicht da sind?" fragte Max.

„Natürlich haben die ein paar Aufpasser für uns bestellt", teilte ihm Jessica grinsend mit. „Aber die sind alle bestechlich. Bei unserem Kindermädchen tut es schon eine Flasche Champagner, und meinen erwachsenen Cousin, der ab und zu auf uns aufpasst, den bestechen wir immer mit etwas Kleingeld. Das kann er nämlich immer gut gebrauchen, er ist ständig knapp bei Kasse. Wie ist es denn bei dir? Hast du auch oft sturmfreie Bude?"

Max schüttelte den Kopf. „Im Gegenteil. Bei mir sind Vater und Mutter gleichzeitig zu Hause. Meine Mutter ist Übersetzerin und arbeitet von zu Hause aus, und auch mein Vater arbeitet im eigenen Büro. Er ist Informatiker und Softwareentwickler, dafür hat er in seinen eigenen Räumen die meiste Ruhe. Der einzige Störenfried ist unser Hund Nora, ein pfiffiger Münsterländer. Der passt auch uns alle auf, damit wir nicht zu viel an den Schreibtischen sitzen. Er kann selbst die Türklinken öffnen und besucht uns dann in unseren Zimmern. Dann bellt er laut und zerrt an unseren Schuhen, damit wir mit ihm Gassi gehen."

„Ach, du Ärmster!" bedauerte ihn Sabine. „Das muss ja schlimm sein, immer mit den Eltern zusammen, ständig unter Beobachtung. Wenn dir die Decke auf den Kopf fällt und du dich zu sehr eingeengt fühlst, dann erfrischst du dich einfach mit einem kühlen Bad bei uns im Pool."

Der freundliche Italiener brachte die beiden Eisbecher und das kleine Fruchteis für Max.

„Komm lass uns gehen!" schlug Laura der Freundin vor. „Das kann man ja nicht mehr mit anhören, wie die sich da wieder bei ihm einschleimen."

„Ja, du hast Recht. Die wollen ihn wirklich einwickeln."

Sie bezahlten das Eis, winkten den Mitschülern am Nachbartisch einmal flüchtig zu und verließen den Eissalon.

Laura atmete tief. „Das war ja unmöglich da drinnen. Ich hätte es keine Minute länger mehr da ausgehalten. Kannst du mir einmal sagen, warum mich das ganze Getue von den beiden so wahnsinnig ärgert und aufregt. Ich weiß genau, was meine Tante Doro jetzt sagen würde."

Anna hob die Augenbrauen. „Was denn? Du scheinst sie ja schon sehr gut zu kennen, wenn du weißt, was sie in so einer Situation sagen würde."

„Ja, ich glaube, ich habe ihr Lebensmotto verstanden. Es ist nicht so, als ob sie andere Menschen nicht achten würde. Nein, das ist es nicht. Sie tut keinem was Böses und nimmt viel Rücksicht auf andere Menschen. Aber sie sagt, es muss einen nicht jeder gernhaben. Nur die Leute, die einem wichtig sind. Und dass man nicht mit jedem auf einer Wellenlänge liegen kann. Also darf man die Meinung der Leute, die man nicht mag, eigentlich auch nicht wichtig nehmen. In der Theorie sollte es mir also nichts ausmachen, wenn sich diese beiden Angeberinnen zu uns so unmöglich benehmen. Aber irgendwie macht es mir doch was aus, und das ärgert mich am allermeisten."

Anna lachte. „Dann müssen wir also auch so jetzt herausfinden, warum du dich ärgerst. Deine Tante würde bestimmt der Sache auch in dieser Art auf den Grund gehen. Was hat dich also jetzt besonders daran geärgert? Möchtest du vielleicht auch in Wirklichkeit so viel Geld haben wie Jessica und Sabine? Bewunderst du sie im Stillen? Möchtest du ihn auch mit schönen Dingen beeindrucken, diesen Max?"

„Nein bestimmt nicht. Vielleicht habe ich befürchtet, dass Max von den beiden beeindruckt ist? Ich hatte gedacht, er passt eher zu uns."

Anna amüsierte sich. „Ich glaube, du bist ein bisschen eifersüchtig. Vermutlich gefällt dir Max sehr gut und du fürchtest, Jessica oder Sabine könnten ihn dir wegschnappen. Ich glaube nämlich, dass wir ihn alle noch nicht sehr gut kennen. Er ist doch noch ganz neu in der Schule, und bis jetzt wissen wir noch nicht viel mehr als seinen Namen und dass er gern Fruchteis ist und Tischtennis und Fußball mag."

„Vielleicht hast du Recht", gab Laura zu. „Ich hätte schon gern, dass er ein Freund von uns wird. Und ich hätte auch nichts dagegen, wenn er mein ganz persönlicher Freund werden würde."

„Dagegen habe ich nichts einzuwenden", erklärte die Freundin. „Ich will nämlich keinen Freund für mich allein haben. Wenn ich mir so meine Eltern anschaue und immer sehe, wie die sich zanken, dann lasse ich das lieber. Ich habe auch bestimmt später keine Lust zu heiraten."

„Es ist nicht überall so, wie bei deinen Eltern. Vielleicht änderst du deine Meinung später noch, das könnte ich mir vorstellen. Aber bis dahin ist ja zum Glück noch etwas Zeit."

6. Kapitel

Tante Doro und Laura kehrten von ihrem Schiffsausflug zurück. „Hat es dir Spaß gemacht?" erkundigte sich die ältere Dame.

„Ja, der Wind wehte einem so schön um die Ohren, und die Möwen, die um uns herumschwirrten, fand ich auch sehr lustig. Sie haben auf mich gewirkt wie freche kleine Kinder, die um Irgendetwas quengeln. Sie hatten überhaupt keine Angst vor den Menschen."

Die Tante lächelte. „Da wärst du am liebsten in diesen Momenten selbst eine Möwe gewesen, nicht wahr? Und frech und ohne Angst."

Laura nickte. „Es muss herrlich sein, so leicht und frei herumzufliegen. Sie tun einfach das, worauf sie Lust haben und sind sehr mutig, wenn sie sich an die Menschen heranwagen."

„Ja, sie überlegen nicht, bevor sie etwas tun. Es ist ihr Instinkt, der sie dazu treibt, auf die

Brocken loszustürmen und sie zu fangen. Wenn sie ihre Nahrung ergattern, können sie überleben. Du hast deinen Verstand, mit dem du in der Regel vorher überlegst, ob du etwas tun sollst oder nicht. Das macht dich vorsichtig. Und wenn du ganz viel überlegst und alle Risiken ausschalten willst, dann vermeidest du möglicherweise, etwas zu tun. Denn man kann nicht immer alle Risiken ausschalten."

Laura lächelte. „Und dabei sind wir wieder an dem Punkt angelangt, über den wir schon einmal gesprochen haben. Ich möchte nicht gerne etwas falsch machen. Ich möchte keine Fehler machen. Es hat sich bei mir so eingeprägt, dass es schlecht ist, Fehler zu machen. Vielleicht, weil auf Fehler eine Strafe folgt."

„Das kann man vielleicht etwas anders sehen. Ich denke, das Wort Strafe ist einfach falsch. Wenn man einen Fehler macht und nicht gerade dagegen versichert ist, muss man mit den Konsequenzen rechnen. In irgendeiner Form muss man die Sache ausbaden. Wenn du also in der Schule eine falsche Antwort gibst, hat die Lehrerin im Moment von dir gerade den Eindruck, dass du etwas nicht weißt. Aber das ist nur eine Momentaufnahme. Das bedeutet nicht, dass du generell nichts weißt. Also kannst du dann versuchen, diese Angelegenheit wieder auszugleichen, indem du dich öfters meldest. Dann ist die Wahrscheinlichkeit vermutlich höher, dass du zu einer besseren Quote kommst. Wenn du dich nur einmal meldest, und deine Antwort ist falsch, und du dich dann hinterher, weil du dich blamiert fühlst, gar nicht mehr meldest, kannst du diesen Quotendurchschnitt nicht verbessern. Eine falsche Antwort sollte dich also dazu anspornen, es öfters neu zu versuchen."

Laura seufzte. „Ich wünschte, ich könnte das so leichtnehmen. Eine falsche Antwort wiegt bei mir schon ziemlich schwer. Ich nehme halt die Lehrer als Respektspersonen schon sehr wichtig und denke, dass sie sehr viel wissen."

„Das kann sein, muss aber nicht. Es gibt Lehrer, die sind rund herum sehr gebildet und wissen sehr viel. Es gibt aber auch noch diejenigen, die nur in einem Gebiet oder in wenigen ein großes Fachwissen haben, und in diesen Bereichen können sie dann glänzen. Da gibt es möglicherweise einen Mathelehrer, der überhaupt kein Französisch kann, einen Sportlehrer der völlig unmusikalisch ist und eine Lateinlehrerin, die Handarbeiten hasst. Du begegnest ihnen natürlich in den Stunden, in denen sie mit ihrem Fachwissen glänzen können. Und das ist auch wichtig so, denn du sollst ja motiviert werden, etwas bei ihnen zu lernen, um vielleicht einmal in diesem Fach genauso gut zu werden, wie sie es sind. Und dann gibt es noch einen zweiten sehr feinen, aber wichtigen Unterschied. Es gibt Menschen in allen Bereichen und Berufen, die sehr intellektuell sind und es gibt diejenigen, die intelligent sind. Dazu gibt es noch die, die beides sind."

„Und wie ist da der Unterschied? Wie kann ich mir das merken?"

„Die Intellektuellen, das sind diejenigen, die viel Wissen in sich hineingestopft haben und in der Regel sehr belesen sind. Intelligenz dagegen beinhaltet, dass man mit dem angelernten Wissen auch wieder ganz frei kombinieren und entwickeln kann. Das heißt, man kann Folgerungen schließen und Gedankengänge folgerichtig aufbauen. Es gibt also viele Menschen, die ein großes Fachwissen haben, dies auch gut vermitteln können, aber denen es an der nötigen Intelligenz fehlt, einiges von dem Gelernten richtig umsetzen zu können. Das gibt es nun freilich in allen Variationen. Sehr intellektuell und ein bisschen intelligent oder sehr intelligent und nur ein bisschen intellektuell, oder beides oder auch gar nichts. Hinzu kommt es natürlich auch, dass nicht jeder Lehrer auch ein guter Pädagoge ist. Ein Lehrer kann sehr viel wissen, aber muss deswegen nicht auch eine Fähigkeit haben, das Wissen seinen Schülern gut vermitteln zu können."

„Sie wirken doch immer sehr wissend", fand Laura. „So wie die Ärzte die Götter in Weiß sind, so sind die Lehrer die Könige der Tafel und die Kaiser der Schulhefte und der roten Tinte."

„Sie sind Menschen wie du und ich. Sie machen auch ihre Fehler, die einen mehr, die anderen weniger. Und manchmal müssen sie sich auch Respekt verschaffen, und manchmal müssen sie sich auch Anerkennung verschaffen, weil es gar nicht so einfach ist, vor so vielen Schülern ganz sicher und angstfrei dazustehen. So eine Klasse kann auch schon eine ganz schön freche Meute sein, unter gewissen Umständen. Ich kenne eine ganze Reihe von Lehrern, die ihr Amt aufgeben mussten, weil sie den Schulstress nicht aushielten. Auch Lehrer werden gemobbt, und es gibt ganz bestimmt auch unausstehliche Schüler. Der Lehrer ist schon darauf angewiesen, gut mit seinen Schülern auszukommen. Er steht da nicht so sicher auf einem Thron, wie du es vielleicht empfindest."

„Also soll ich mir sagen, der Lehrer ist auch nur ein Mensch mit Fehlern. Er ist zwar ein bisschen älter, und auch infolgedessen gebildeter als ich, aber er muss deswegen kein besserer Mensch sein und hat trotz seines größeren Wissens keinen Grund, sich in irgendeiner Form über mich zu stellen. Stimmt das so, Tante Doro?"

„Ja, so wie die Ärzte auch keine Götter in Weiß sind, so sind auch die Lehrer nur Durchschnittsmenschen, die in ihrem Beruf dazu aufgefordert werden, nicht nur den Schülern etwas zu vermitteln, sondern auch Vorbildfunktionen zu haben. Sie sollen den Schülern als gefestigte Charaktere erscheinen, die einen Weg ins Berufsleben mit vorbereiten könnten. Der Lehrer hat den Auftrag, ein Grundwissen zu vermitteln, und das auf eine Art und Weise, die den Schülern angemessen ist. Und dass ist gar nicht so einfach, und das kann auch mit Sicherheit nicht jeder. Man braucht dazu eine ganze Menge von Talenten und Qualitäten."

„Und da gibt es bestimmt auch Charaktereigenschaften, die der Lehrer nicht haben darf", vermutete Laura.

„Natürlich. Ein Lehrer sollte nicht jähzornig sein, er sollte eine gewisse Geduld haben und fähig sein, seine Emotionen im Griff zu haben. Ein Lehrer sollte empathisch sein, damit er seine Schüler verstehen lernt."

„Ein Lehrer sollte uns den Spaß an seinem Fach zeigen, damit wir selber auch Interesse haben, sein Fachwissen zu übernehmen."

Tante Doro nickte. „Das wäre optimal. Ein Lehrer, wie man ihn wünscht, der versteht seine Schüler und behandelt sie altersgemäß. Er weiß seinen Lehrstoff interessant zu verpacken und zu vermitteln, und er weiß, wie man den Unterrichtsstoff zu präsentieren hat."

„Ein Lehrer sollte seine Schüler niemals überfordern. Er sollte kein Pauker sein, sondern verstehen, dass es oft nicht einfach ist, sich zu konzentrieren, wenn man andere Dinge im Kopf hat", überlegte Laura.

Die Patentante lächelte. „Und welche Dinge sind das bei dir? Sitzt du dann im Klassenzimmer, schaust zum Fenster raus und denkst an den Märchenfilm vom letzten Abend?"

„Es gibt so viel zu denken. Manchmal träume ich davon, eine Primaballerina zu sein. Dann stellte ich mir vor, wie schön ich tanze. Ich fabrizierte eine Pirouette nach der anderen und sehe mich in einem großen Saal. Eine wunderschöne Melodie erklingt, und die Leute ringsherum sehen mir zu und bewundern mich. Wenn ich dann fertig bin, klatschen sie und jubeln mir zu. Aber ich kann überhaupt nicht Balletttanzen, ich habe es nie gelernt. Und ich bin auch bestimmt schon viel zu alt dafür."

„Wenn man sich etwas wirklich wünscht, ist man nicht zu alt dafür, fast nie. An deinen Träumen sieht man, dass du dich nach etwas Lob sehnst. Wer lobt dich denn überhaupt?

Loben dich deine Eltern oder deine Geschwister manchmal?"

„Da fällt mir im Moment gar nichts dazu ein. Meine Mutter hat so viel Stress mit der Arbeit und ist so oft weg, da will ich sie auch nicht noch mit meinen Dingen belasten. Und Papa, das weißt du ja auch: Er ist so viel unterwegs. Wenn dann beide Eltern einmal da sind, dann sind wir natürlich auch drei Geschwister, und all ihre Aufmerksamkeit muss sich durch uns drei Kinder teilen. Da bleibt natürlich nicht allzu viel für jeden einzelnen übrig. Also, zum Loben bleibt da auch nicht so viel Zeit und Möglichkeit. Und dann ist mein Vater auch ziemlich streng. Es ist sehr schwer, ihm alles rechtzumachen. Er stellt hohe Ansprüche an sich selbst und an uns Kinder. Irgendwie hält er es für ganz selbstverständlich, dass wir alles richtig und ohne Fehler machen. Ich glaube, ich komme mir schlecht und undankbar vor, wenn ich nicht alles besonders gut mache. Meine Eltern sind beide so tolle Menschen, und so großartig in ihren Berufen. Da sind sie uns natürlich ein Vorbild, aber auf der anderen Seite habe ich auch das Gefühl, dass ich sie nie ganz erreichen kann."

„Du empfindest sie also als sehr groß und fehlerfrei. Aber da kann ich dich trösten. Ich denke, sie stehen auch sehr unter dem Stress, so großartig scheinen zu müssen, weil es im heutigen Arbeitskampf, in der Berufswelt so verlangt wird. Sie müssen sich stark zeigen und sollten nach Möglichkeit auch keine Fehler haben, geschweige denn, welche zeigen. Aber tröste dich wirklich, kein Mensch ist fehlerfrei, und jeder hat seine Qualitäten."

„Für mich war ein Lehrer bisher nicht nur ein Erwachsener und eine Respektsperson, sondern ich habe auch immer das Gefühl gehabt, seinem Urteil ausgeliefert zu sein, hilflos. Verstehst du? Bei manchen Fächern scheint es so zu sein, als könnte er die Noten ziemlich willkürlich geben. Gut, bei einer Mathearbeit und einem Diktat vielleicht nicht, aber in anderen Fächern gibt es schon Möglichkeiten, die Noten nach Willkür oder

Sympathie zu verändern. Da habe ich dann schon das Gefühl, die Schwächere zu sein."

„Wenn ein Lehrer tatsächlich ungerecht benotet, kann man sich dagegen wehren, Laura. Zunächst einmal kann man mit dem Betreffenden selbst reden. Wenn man dann das Gefühl hat, dass man dabei nicht weiterkommt, kann man sich an andere Institutionen in der Schule wenden. Man kann dann auch mit den Eltern gemeinsam noch einmal den betreffenden Lehrer aufsuchen und um Klärung bitten", wusste Tante Doro.

„Siehst du, allein fürchte ich mich natürlich dann erst einmal. Und wie gesagt, meine Eltern haben selten Zeit und setzen einfach voraus, dass wir allein klarkommen."

Die ältere Dame lächelte. „Dann gibt es ja noch den Klassenlehrer und die Patentante, die man gegebenenfalls einspannen kann. Irgendeine Vertrauensperson wird doch vermutlich aufzutreiben sein. Warum hast du Angst vor einem Einzelgespräch mit dem

Lehrer? Du weißt, dass er nicht beißt?" scherzte sie.

„Ein Lehrer, der auf einen herabsieht, ist viel schlimmer, als ein Tier, das beißt. Da fühlt man sich klein und hilflos. Ein verständnisloser Lehrer wird seinen Fehler bei einem Schüler bestimmt nicht zugeben."

„Wie gesagt, sie sind auch sehr unterschiedlich. Es gibt gute und schlechte Lehrer. Auch ein guter Lehrer kann sich einmal vertun, und wird seinen Fehler mit Sicherheit einsehen. Es kommt dann doch immer erst einmal auf einen Versuch an. Aber du hast ein Recht darauf, dich zu melden und dich zu wehren, wenn du glaubst, dass du ungerecht behandelt wirst."

„Und vor so einem Gespräch habe ich Angst", bekannte Laura.

„Jetzt kommen wir auf die Sache mit der Konfrontationstherapie zurück", erklärte die Tante. „Fühlst du dich von einem bestimmten Lehrer ungerecht behandelt?"

„Ab und zu, ja. Ganz besonders von Herrn Motsch."

„Richtig, ich erinnere mich. Du hast mir schon von seinen Launen erzählt. Welche Fächer hast du bei ihm? Was unterrichtet er?"

„Geschichte und Religion. Und ich habe in beiden Fächern nur ein „Befriedigend". Stell dir vor! In Reli nur eine Drei! Da hatte ich doch früher immer eine Eins. Das ist doch wirklich ganz unmöglich. Ich hatte mich auch für ein Referat gemeldet, aber er hat sich gar nicht dafür interessiert. Ich mache meine Hausaufgaben und lerne, aber er nimmt mich einfach nicht dran."

„Könntest du dir vorstellen, allein mit ihm ein Gespräch zu führen?"

Laura schüttelte energisch den Kopf. „Nein. Und ich befürchte, wenn ich mich beschwere, wird er noch schlimmer. Erwartest du es etwa von mir, dass ich trotzdem zu ihm hingehe?"

„Nein, noch nicht. Das müssen wir erst mal üben. Wir beide werden das zuerst einmal üben. Ich spiele Herrn Motsch und bin dann nicht allzu freundlich zu dir, und du wirst versuchen, dich zu rechtfertigen."

„Ach, mit dir ist es doch leicht. Dir kann ich doch alles sagen. Da habe ich keine Angst. Nur vor diesem widerlichen Herrn Motsch."

„Wir werden diese Gespräche trotzdem erst einmal miteinander üben. Du kannst dir in Gedanken schon vorstellen, dass ich nicht deine Tante bin. Und wenn wir beide solche Zwiegespräche geführt haben, dann probierst du das zunächst einmal mit netten Lehrern oder mit neutralen. Du wirst durch diese Gespräche immer mehr Selbstbewusstsein bekommen und immer fitter werden. Da kann man sich dann auch ein bisschen steigern. Eine Steigerung wäre wahrscheinlich auch, wenn du einmal ein klärendes Gespräch mit deinem Vater führst. Welche Gefühle hast du jetzt, wenn ich das erwähne?"

„Kein besonders gutes. Du weißt doch, dass wir unseren Vater nie gern belästigen. Er gibt uns auch den Eindruck, dass wir ihn nerven, wenn es um Dinge geht, die er für eine Kleinigkeit hält."

„Ja, liebe Laura, manche Erwachsenen vergessen nur allzu schnell, dass sie selbst einmal Kinder waren und sich durchbeißen mussten. Für deinen Vater sind jetzt diese Dinge, die in der Vergangenheit liegen, sehr klein geworden, und er hat sicher vergessen, wie groß sie auch damals für ihn waren. Mittlerweile sind andere Sachen für ihn bedeutend geworden, das sind die Probleme die er in der Gegenwart in seinem Berufsleben kennt und vielleicht sogar fürchtet. Denn wenn ein Mensch sehr genervt ist, zeigt das, dass er entweder zu viel arbeitet oder ebenfalls in irgendeiner Weise überfordert ist und vielleicht sogar selbst unterschwellige Ängste hat, die er nicht zugeben will."

„Dann könnte sich vielleicht mein Vater auch fürchten? Daran habe ich ja noch nie gedacht. Ich halte ihn immer für sehr stark und für einen Menschen, der immer alles im Griff hat."

Tante Doro lächelte. „Vielleicht möchte er immer alles im Griff haben, aber wenn er tatsächlich so genervt ist, dass er für euch kein offenes Ohr mehr hat, dann ist es auch ein Zeichen, dass er im Moment nicht alles im Griff hat. Damit rückt er bestimmt schon für dich ein ganzes Stück von seinem hohen Thron ab. So kann er dir schon wieder viel menschlicher erscheinen. Er ist also offenbar auch nicht perfekt. Wie ich dir schon sagte, kein Mensch ist perfekt, wenn du dich ein bisschen umschaust, kannst du bei jedem Menschen die Schwachstellen finden."

Laura überlegte. „Gut, dann lass uns doch einmal solch ein Beschwerdegespräch üben! Hast du denn noch Zeit für mich?"

„Aber sicher! Ich habe mir für dich den ganzen Tag Zeit genommen. Ich denke, dort hinten an den Bänken beim Spielplatz ist ein guter Ort. Oder sollen wir lieber nach Hause gehen? Soll ich mich lieber wie ein Herr Motsch hinter einen Schreibtisch setzen, und du nimmst auf einem Stuhl davor Platz?"

Laura lächelte. „Nein, wir können ruhig hierbleiben. Ich habe schon so viel Fantasie, um mir vorstellen zu können, dass du hinter einem Schreibtisch sitzt."

7. Kapitel

Sie setzten sich auf die braune Holzbank. Die Nachmittagssonne blinzelte durch die Zweige.

„Also gut, ich bin jetzt Herr Motsch. Ich sitze jetzt hier hinter meinem Schreibtisch und schaue dich ziemlich ungnädig an, wie du siehst."

„Guten Tag Herr Motsch! Ich habe Sie um einen Termin gebeten, weil ich etwas Wichtiges mit Ihnen zu besprechen habe."

„Richtig, da bist du ja jetzt. Was kann ich für dich tun?"

„Ich kann nicht verstehen, warum Sie mir in Religion ein „Befriedigend" gegeben haben?"

„Nein? Ich habe mir dabei etwas gedacht. Die Note „Befriedigend" ist keine schlechte Note. Damit empfinde ich deine Leistung als befriedigend. Damit kann man zufrieden sein."

„Meiner Meinung nach habe ich eine bessere Note verdient. Ich mache meine Hausaufgaben, ich lerne, ich arbeite im Unterricht mit und melde mich. Aber Sie nehmen mich nicht sehr oft dran."

„Es gibt außer dir noch andere Kinder in deiner Klasse. Ich bemühe mich in jeder Stunde, gerecht zu sein. Ich muss mich auch um die anderen Kinder kümmern. Es gibt auch noch andere Schüler, die etwas wissen."

„Das sehe ich nicht so. Ich melde mich so oft und habe auch schon angeboten, ein Referat zu machen. Aber ich habe das Gefühl, dass Sie mich oft gar nicht beachten und das Referat wollten Sie auch nicht."

„Ich werde dir schon Bescheid geben, wenn ich ein Referat von dir wünsche. Im Moment habe ich da kein Thema für dich. Und wenn ich dich ungerechterweise mehr als deine Mitschüler aufrufe, dann ist das nicht gut für die Gemeinschaft, dann vernachlässige ich die anderen. Ist das denn nur dir aufgefallen oder auch deinen Mitschülern?"

„Ich habe noch nicht mit allen Mitschülern darüber gesprochen. Meiner Freundin Anna ist es auch schon aufgefallen, und sie sagt selbst, dass sie von Ihnen mehr beachtet wird."

„Ihr seid Freundinnen, da wird sie bestimmt zu dir halten."

„Ja, das tut sie auch. Aber sie hat ein „Gut" als Note und ist auch der Meinung, dass sie nicht mehr weiß als ich."

„Anna? Ach, lass mich einmal überlegen. Ist das das junge Mädchen, das neben dir sitzt?"

„Richtig, das ist meine Freundin Anna. Wir lernen immer gemeinsam und sind etwa auf dem gleichen Wissensstand."

„Ach, ja! Die Anna! Jetzt weiß auch, wen du meinst. Sie ist mir schon oft aufgefallen durch ihre fundierten und gut überlegten Antworten. Sie bringt die Sache oft direkt auf den Punkt und hat ein gutes und breites Wissen im Bereich der Religion. Möchtest du vielleicht, dass ich dich besonders prüfe?"

„Nein, ich möchte keine besondere Prüfung, sondern möchte nur genauso behandelt werden wie die anderen Schüler. Wenn ich nicht drankomme, kann ich auch keine fundierten Antworten geben."

„Das ist nicht nur eine Unterstellung, das ist auch eine Anschuldigung, liebe Laura. Das sollten wir einmal mit der ganzen Klasse besprechen."

„Das ist keine gute Idee. Denn die Klasse ist in einige Clübchen unterteilt. Da gibt es nämlich auch ein paar Personen, ein paar Mädchen, die sehr zickig sind und die meinen, sie müssten alles bestimmen. Sie können Anna und mich nicht gut leiden und sehen auf uns herab, besonders, weil unsere Eltern nicht so viel Geld haben wie ihre Eltern. Die würden natürlich sofort sagen, dass es nicht stimmt, was ich sage."

„Ich glaube, da bildest du dir allerlei ein. Da sind Mädchen, die dich nicht leiden können, und ich soll dich ungerecht behandeln. Das hört sich für mich so an, als seist du überempfindlich und hättest eine sachliche Sichtweise verloren."

„Das ist nicht wahr. Warum nehmen Sie mich nicht ernst? Haben Sie etwas gegen mich?"

„Ich habe nichts gegen dich. Es geht nur um deine Leistung, wenn ich dir Noten gebe. Ich halte das „Befriedigend" für angemessen."

Laura nickte. „Ja, so stur wäre Herr Motsch wirklich. Das traue ich ihm zu. So könnte er tatsächlich reagieren. Er würde Ausflüchte suchen und nicht auf meine Beschwerde eingehen. Aber wenn ich mit ihm gesprochen hätte, wären sicherlich von mir noch Angstgefühle hinzugekommen. Ich hätte so frei nicht mit ihm reden können. Das ging jetzt nur so gut, weil wir beide uns kennen, und weil du meine Tante bist, von der ich weiß, dass sie mich versteht. Um hier etwas schnell zu ändern, müsste ich wahrscheinlich doch gemeinsam mit einer Hilfsperson zu ihm gehen. Aber du hast ihn schon richtig erkannt, auch bei einer anderen Person fände er sicher immer wieder eine Ausrede. Genauso ist er! Am Ende wird er so ungerecht bleiben."

„Ja, meine Liebe! Auch damit kann man unter Umständen rechnen. Man kann mit einer Person reden und hinterher das Gefühl haben, es hat überhaupt nichts genutzt. Wenn dieser Herr Motsch tatsächlich nach allen Gesprächen immer noch kein Verständnis für dich hat, dann hast du einen Fall erlebt, der dir auch im späteren Leben ab und zu immer wieder begegnet."

Laura riss die Augen auf. „Du meinst, ich lerne später noch einmal viele Menschen kennen, die so sind wie dieser ungerechte Lehrer?"

Tante Doro seufzte. „Auf jeden Fall. Leider gibt es hier auch einige Sprichwörter von der Ungerechtigkeit dieser Erde, und auch in der Bibel findet man darüber einige Hinweise. Ich kenne sogar ein Kirchenlied, das heißt: Gerechtigkeit der Erden, oh Herr, hat dich getötet. Und ich habe mir diese Worte immer hinter die Ohren geschrieben. Es bekommt hier auf dieser Welt noch lange nicht immer derjenige Recht, der sich auch im Recht befindet. Es gelingt einem nicht immer, sein

Recht in allen Dingen zu erhalten. Das soll dich aber nicht entmutigen. Trotzdem soll man immer erst einmal dafür kämpfen."

„Ich finde, die Gerechtigkeit ist sehr, sehr wichtig. Es verursacht mir im Magen ein flaues Gefühl, wenn ich einer Ungerechtigkeit begegne. Aber da ist mir eben aufgefallen, dass du über ein Kirchenlied gesprochen hast, das du kennst. Ich habe mich mit Anna unterhalten, und sie hat mir erzählt, dass sie oft von einem Onkel einen guten Rat erhält. Der ist nämlich Pfarrer. Meinst du, du und dieser nette Mann, ihr könntet uns vielleicht auch als Team behilflich sein?"

Die Tante lächelte. „Was hast du vor?" erkundigte sie sich.

„Oh, ich dachte nur, ihr könntet euch da gut ergänzen. Er meint nämlich, dass man auch im religiösen Glauben, viel Stärke und ein gutes Selbstwertgefühl finden kann."

Doro nickte. „Ja, das ist wirklich wahr. Wenn man sich von Gott geliebt weiß, dann ist einem das Urteil der Menschen nicht mehr so wichtig. Man weiß, dass es jemanden gibt, der noch stärker ist als wir und der unser Schicksal in der Hand hält. Auch da gibt es wiederum einen guten Satz, den man sich dann als Mantra einprägen kann: „Ist Gott für uns, wer kann gegen uns sein?" Ja, wenn deine Freundin Anna ähnliche Probleme hat wie du, dann könnten wir uns tatsächlich einmal gemeinsam beraten, Annas Onkel und ich. Mit vier Personen kann man auch sehr gute Gruppenspiele inszenieren, ähnlich, wie wir das jetzt gerade geprobt haben in diesem Rollenspiel. Fühlst du dich offen für eine Hilfe im Glauben?"

„Ich glaube an Gott, ja. Das hat auch nichts mit meiner schlechten Note im Religionsunterricht zu tun. Die hängt ja nur mit Herrn Motsch zusammen. Aber trotzdem kann ich mich nicht von der Angst lösen, wenn ich mit Personen zusammen bin, die mir Angst einflößen. Dann komme ich nicht an den Mut heran, den mir Gott vielleicht schenken könnte. Im Grunde genommen weiß ich schon, dass Gott da ist und einem helfen will. Aber der lebendige Mensch, der dann vor mir steht und mir Angst macht, wirkt irgendwie stärker."

„Das kann ich schon verstehen. Dieser Typ steht dann drohend vor dir, aber von Gott ist nichts zu sehen. Wenn wir in irgendeiner Not sind, dann schicken wir auch schnell ein Stoßgebet in den Himmel, um Gott erst einmal zu rufen, damit der uns hilft. So ein Stoßgebet kann tatsächlich helfen. Vielleicht solltest du auch das einmal ausprobieren. Wenn man an Gottes Worte denkt, verliert natürlich auch die Größe eines Feindes an Kraft. Wenn Herr Motsch dann vor dir steht, so kannst du dir vorstellen, dass für Gott alle Menschen erst einmal grundsätzlich gleich sind und dass er mit ganz anderen Maßstäben misst als wir. Herr Motsch ist dann vor Gott auch erst einmal genauso klein wie du, und auch er ist von der Gnade Gottes abhängig, sein Leben, sein Wirken, sein Unterricht und sein ganzes Gehabe. So wie er ist, kann er nur leben, solange es Gott zulässt. Möglicherweise ändert sich sein Leben schnell, wenn Gott plötzlich andere Dinge mit ihm vorhat. Vielleicht hat ihn dir Gott auch vor die Nase gesetzt, damit du an ihm lernen kannst, dich auf eine vernünftige Art und Weise zu wehren. Denn, wie ich schon vermutete, im Laufe deines Lebens werden dir vermutlich noch andere Menschen begegnen, die so ähnlich sind wie dieser Lehrer."

Laura stöhnte. „Oh, jetzt habe ich erst einmal wieder genug zum Nachdenken. Bist du mir jetzt böse, wenn ich dich jetzt verlasse und für eine Stunde zu Anna gehe, um mit ihr zu spielen?"

„Auf keinen Fall. Ich freue mich, wenn du jetzt Spaß am Spielen hast. Sicherlich habt ihr euch jetzt auch einiges zu erzählen."

Das Mädchen lächelte. „Ganz bestimmt. Und danke für den schönen Ausflug, liebe Tante Doro!" Sie umarmte die Patentante und eilte davon.

8. Kapitel

Laura und Anna spazierten durch den Park. Die Sonne hatte sich vor die Wolken geschoben, ein leichter Wind fuhr durch die Zweige, und die Lieder der Vögel verstummten.

Anna hüpfte über einen Stein. „Dann hast du also deine Tante schon auf meinen Onkel Rolf vorbereiten können. Das ist prima. Ich habe ihm nämlich auch schon von deiner Tante Doro erzählt. Er fand die Idee richtig gut, dass sie mit dir deine Angst bekämpfen will. Ich habe mich mit ihm auch über die Konfrontationstherapie unterhalten, die deine Tante mit dir machen möchte. Er meinte auch, es sei viel zu schade für uns, einfach alles hinzuschmeißen, nur wegen ein paar schlechter Schulnoten, ein paar ekelhafter Lehrer und mehr oder weniger strengen Eltern."

„Dann sind sich die beiden ja schon einmal einig", freute sich Laura. „Tatsächlich habe ich mit Tante Doro auch ein bisschen über die Religion gesprochen, dafür hat sie ein offenes Ohr. Wie sollen wir das jetzt machen? Sollen wir die beiden also einfach zu einem Picknick einladen?"

„Natürlich. Du findest heraus, wann deine Tante Zeit hat, und ich finde heraus, wann mein Onkel Zeit hat. Das kriegen wir schon hin. Schau doch mal, wer uns da mit einem großen Hund entgegenkommt!"

„Das ist Max. Ich wusste bis jetzt noch gar nicht, dass er auch einen Hund hat. Davon hat er noch nichts erzählt. Ist das ein Münsterländer?"

„Ja, einen ähnlichen Hund hatten wir auch einmal, als ich noch klein war", berichtete Anna. „Der war sehr gelehrig, und mit ihm hatten wir viel Spaß. Leider ist er ziemlich früh gestorben, und seitdem wünsche ich mir schon lange einen Hund. Aber meine Eltern haben dazu keine Lust mehr. Sie sagen, dass er nicht nur viel Arbeit gemacht hat, sondern dass es auch sehr traurig war, als er starb, und dass sie mir dieses Erlebnis nicht noch ein zweites Mal zumuten möchten."

„Und was denkst du dazu?"

„Ich denke, wenn wir einen neuen Hund haben, muss der ja nicht auch gleich so früh sterben. Vielleicht haben wir doch einige Jahre lang wieder viel Freude mit ihm. Aber meine Eltern lassen sich im Moment nicht erweichen."

Max hatte die beiden Mädchen erreicht „Hallo!" rief er freundlich. „Und schon treffen wir uns wieder, obwohl ich weder Tischtennis noch Fußball spiele."

Die beiden Mädchen begrüßten ihn und wandten sich auch dem Hund zu, der fröhlich um Anna und Laura herumsprang.

„Das mag am liebsten", teilte ihnen Max mit. „Er braucht ziemlich viel Aufmerksamkeit und könnte den ganzen Tag spielen, deswegen habe ich auch einen kleinen Ball für ihn mitgenommen, den holt er immer wieder, sooft ich ihn ihm werfe. Schaut mal, wie schnell er ist!"

Er warf den Ball einige Meter nach vorn, und der Hund sauste in einem großen Tempo hinterher, schnappte den Ball noch bevor er liegen blieb und brachte ihn im Eiltempo wieder zu seinem jungen Herrchen zurück.

„Der ist wirklich wahnsinnig schnell", fand Anna. „Wie heißt er, dein Hund?"

„Das ist Nora, sie ist vier Jahre und bringt uns immer wieder zum Lachen. Sie hat tolle Tricks drauf. Manchmal versteckt sie sich, und wir müssen sie suchen.

Aber manchmal lässt sie sich ihr Spielzeug verstecken und freut sich unheimlich, wenn sie es wiederfindet. Aber am liebsten rennt sie hier durch den Park."

Anna erzählte von ihrem verstorbenen Hund und fügte hinzu: „Mit ihm hatten wir genauso viel Spaß, und seitdem wünsche ich mir auch wieder ein Tier oder am liebsten einen neuen Hund. Bisher konnte ich meine Eltern leider noch nicht erweichen."

„Dann müssen wir drei eben öfter einmal zusammen mit Nora hier im Park spielen. Dann haben wir alle etwas davon", schlug

Max vor. „Oder ist es dir so wichtig, dass dir der Hund auch gehört?"

Anna schüttelte den Kopf. „Nein, darum geht es wirklich nicht. Es muss nicht unbedingt mein eigenes Tier sein. Wenn wir uns etwas näher kennenlernen, Nora und ich, dann wird sie mich auch akzeptieren und mit mir auch gern spielen wollen."

„Na klar! Hier im Park bin ich jeden Tag. Und zwar in diesem Stück, das für Hunde freigegeben ist, nicht dort hinten, wo die älteren Leute spazieren gehen oder auf den Bänken sitzen. Obwohl die sich manchmal auch freuen, wenn Nora ihnen „guten Tag" sagt. Ich muss übrigens bei jedem Wind und Wetter mit dem Hund Gassi gehen. Das haben meine Eltern so bestimmt, weil ich den Hund unbedingt haben wollte. Sie meinten, dann muss ich auch in dem Maße, wie ich kann, dafür sorgen, dass alles für ihn geregelt wird. Meine Eltern zahlen dafür die Hundesteuer und kaufen alles, was er braucht, die zahlen das Futter und kommen für alles Zubehör auf. Aber die Leckerlis, die er bekommt, die muss ich von meinem eigenen Taschengeld bezahlen."

„Dann sind deine Eltern aber sehr streng", fand Laura. „Haben sie dir wenigstens das Körbchen gekauft? Oder besitzt Nora keins?"

„Ein Körbchen? Natürlich, das muss doch sein, das braucht doch jeder Hund. Die Grundausstattung haben sie schon übernommen, auch die Leine und die Impfungen haben sie bezahlt. Aber die kleinen Leckerlis, die wir brauchten, um ihn zu erziehen, die habe ich von meinem Gesparten genommen. Darauf bin ich stolz. Das war ein Taschengeld, das ich gut angelegt habe. Es hat mir mehr Spaß gemacht, als mir davon ein Eis zu kaufen."

„Da wir gerade von Eis sprechen, sollen wir nachher zusammen ein Eis essen gehen?"

Max überlegte „Das können wir gern später noch machen. Ich muss dann nur erst den Hund noch nach Hause bringen. Der macht sich nicht so gut im Eissalon. Treffen wir uns dort in einer Stunde?"

Die Mädchen stimmten zu und verabredeten sich mit ihm in der Eisdiele.

9. Kapitel

Etwas später trafen sich die Kinder bei Giovanni im Eissalon.

Die beiden Mädchen bestellten sich eine Portion Stracciatella -Eis, der Junge wählte wie beim letzten Mal ein gemischtes Fruchteis.

„Meine Mutter hat mir eine Taschengeldzulage spendiert", berichtete Max. „Sie meinte, ich solle euch auch einladen, wie neulich auch Jessica und Sabine. Sie findet, dass ich hier in meiner Schulklasse so eine Art Einstand geben sollte. Und bei der Gelegenheit könnte ich dann auch alle Mitschüler etwas besser kennenlernen."

Anna sah ihn neugierig an. „Und? Hat es schon ein bisschen geklappt? Konntest du die beiden ein bisschen näher kennenlernen? Wie gefallen sie dir?"

„Ich kann noch nicht viel über sie sagen. Dazu kenne ich sie noch zu wenig. Aber sie haben mich zu ihrer Party am Samstag eingeladen. Vielleicht habe ich dabei die Gelegenheit, sie näher kennenzulernen."

Anna hob die Augenbrauen. „Eine Party bei Sabine und Jessica? Haben sie dir erzählt, dass bei diesen Festen niemals Erwachsene dabei sind? Das machen sie nur, wenn ihre Eltern auf Reisen sind."

„Wirklich? Und die Eltern wissen etwas davon?"

„Sie wissen, dass die beiden Freunde einladen. Aber sie ahnen nichts davon, was auf diesen Partys wirklich geschieht. Irgendjemand hat gemunkelt, dass es da auch schon mal alkoholische Mixgetränke gab. Wir gehen jedenfalls nicht dorthin, ganz abgesehen davon wurden wir auch noch nie eingeladen. Was halten denn deine Eltern davon?"

Max ließ das Eis im Mund zergehen. „Meine Eltern haben sehr viel Vertrauen zu mir. Ich darf mir meine Freunde selbst aussuchen und auch entscheiden, wohin ich gehe. Ich denke, dass ich mir alles dort einmal ansehe, um mir selbst ein Urteil darüber zu bilden. Auf jeden Fall weiß ich ganz genau, dass man mir keinen Alkohol unterjubeln kann. Da gibt es sicherlich auch noch andere Getränke. Ich werde euch auf jeden Fall davon berichten."

„Hast du dich schon um deinen Sport gekümmert?" wollte Laura wissen.

„Ja, gestern schon. Ich bin jetzt schon einmal in den Tischtennisverein eingetreten. Da muss ich jetzt erst mal schauen, wie viele Termine ich habe. Möglicherweise habe ich dann auch keine Zeit mehr, für die ganzen Termine, die man im Fußballverein braucht. Dann werde ich einfach nur mal so nebenbei ein bisschen kicken."

„Meine Geschwister und ich, wir haben eine Tischtennisplatte im Keller", teilte ihm Laura mit. „Wenn du Lust hast, können wir mal zu dritt dort ein bisschen üben."

„Au prima!" freute sich Max. „Bei uns im Haus ist leider kein Platz dafür. Den freien Kellerraum hat mein Vater genutzt als Werkstatt. Und da bastelt er dann auch in jeder freien Minute. Er ist so ein richtiger Heimwerker und macht alles selbst."

„Wie schön!" Sehnsucht klang in Lauras Stimme. „Ich wünsche mir auch einen Vater, der so viel zu Hause ist. Mit dem kann man dann immer reden."

Max lachte. „Nein, das geht bei ihm auch nicht. Wenn er so intensiv mit irgendetwas beschäftigt ist, dann will er nicht gestört werden. Dann muss er sich immer konzentrieren. Aber meist hängt er dann auch ein Schild von außen an die Werkstatt und zeigt uns damit, dass er nicht gestört werden will."

„Bastelst du auch gern?" erkundigte sich Anna.

„Nicht so wie mein Vater. Irgendwie ist das schon komisch in den Familien. Vielleicht ist es euch auch schon aufgefallen. Das, was die Eltern gut und gern tun, vermeiden ihre Kinder oft. Meine Mutter spielt Klarinette, ganz wundervoll, sogar in einem großen Orchester. Aber ich spiele kein Instrument.

Mein Vater ist ein ganz besonders guter Hand- und Heimwerker. Aber ich beschäftige mich dann lieber mit Pflanzen. Ich habe in unserem neuen Zuhause zwei Beete, eins mit Blumen und eines, in dem ich auch in diesem Jahr wieder Gemüse ziehe kann. Das ist mein Hobby."

Laura nickte. „Ja, davon habe ich auch oft gehört, von dem Muster bei Eltern und Kindern. Besonders in den Medien. Wenn der Vater oder die Mutter ein großer Filmstar waren, dann hatten es die Kinder schwer, in ihre Fußstapfen zu treten. Sie fühlen sich immer im Schatten der großartigen Eltern. Meine Mutter ist eine sehr gute Ärztin, aber ich glaube nicht, dass ich später einmal in ihre Fußstapfen trete."

Max hob die Augenbrauen. „Nein? Ärztin ist doch ein ganz toller Beruf. Meinst du, du könntest nicht so gut sein wie deine Mutter, oder hast du einfach ganz andere Interessen?"

Laura atmet tief. „Ein Arzt hat eine ziemlich große Verantwortung. Er hat manchmal das

Leben von seinen Mitmenschen in der Hand. Das ist immer ein großes Risiko. Wenn man schon einen kleinen Fehler macht, kann man den Tod eines anderen Menschen verschulden. Ich glaube nicht, dass ich mutig genug bin, um eine so große Verantwortung übernehmen zu können."

Max lächelte. „Wir sind ja noch jung. Du bist auch noch jung. Im Augenblick müssen wir noch keine so große Verantwortung tragen. Bis du erwachsen bist, vergehen noch einige Jährchen. Ich denke, bis dahin wirst du bestimmt noch mutiger. Hast du denn jetzt zu Hause irgendetwas, für das du die Verantwortung trägst?"

Laura überlegte. „Ein Haustier haben wir leider nicht. Da gibt es nur eine einzige Blume, die auf der Fensterbank in meinem Zimmer steht. Aber sonst? Nein, Verantwortung muss ich keine tragen. Die Hausarbeiten teilen wir Geschwister uns, also das Übliche. Ein bisschen staubsaugen, ein bisschen Staub wischen, ab und zu mal das Bad säubern, den Müll herausbringen, die Spülmaschine ein- und ausräumen und ab und zu mal etwas beim Kochen helfen."

„Das ist tatsächlich nicht besonders viel", fand Max. „Dort, wo ich bis jetzt gelebt habe, hatte ich einige Freunde. Wir haben immer irgendetwas übernommen für ältere Nachbarn. Manchmal sind wir für sie einkaufen gegangen, manchmal haben wir Briefe oder Päckchen zur Post gebracht. Wenn man so etwas einmal übernommen hat, dann ist das auch eine Verantwortung. Mit der Zeit haben sich die alten Leutchen nämlich an uns gewöhnt und sich auch auf uns verlassen. Und wenn man dann einmal keine Lust hatte und lieber kicken gehen wollte, dann musste man sich eben zwingen. Mein Vater hat mich auf diese Idee gebracht. Er meinte, das Beste, was es für einen Menschen gäbe, wäre zu arbeiten und Verantwortung zu übernehmen."

„Dann redest du wohl viel mit deinem Vater?!" bemerkte Anna.

„Na klar! Der ist ja nicht immer im Keller. Ich war auch ein Wunschkind, das haben mir meine Eltern immer gesagt. Und immer, wenn ich den alten Leutchen geholfen habe, sagte er, er sei stolz auf mich."

Laura staunte. „Und wenn du gute Noten schreibst? Wenn du ein Tischtennismatch gewinnst? Sagt er dann auch, dass er stolz ist auf dich?"

„Nein. Er sagt immer, die Noten sind nicht so wichtig. Die Hauptsache ist es, dass ich lerne und mich ein bisschen bemühe. Aber er meint, dass es wichtig sei, immer anzupacken, dort, wo man gebraucht wird."

„Wie toll!" fand Anna. „Ein Vater, der nicht nach den Noten schaut. Da ist dann der ganze Druck weg. Aber es ist auch kein Ansporn da. Oder?"

„Ach, den muss ich gar nicht haben. Ich bin nicht sehr gut, aber auch nicht schlecht. Das eine oder andere Fach gefällt mir sehr gut, andere wieder weniger. Aber das ist eben so. In der Schule und im Leben. Da müssen wir eben einfach durch. Und mein Vater hat mir auch gesagt, dass er für mich da ist, wenn ich selbst nicht klarkomme. Na, bis jetzt ist dieser Fall noch nicht eingetreten. Und meine Mutter fragt mich auch jeden Abend vor dem Schlafengehen, ob ich tagsüber Probleme gehabt habe. Bis jetzt bin ich allerdings davon verschont geblieben."

„Und wie verstehen sich deine Eltern?" erkundigte sich Anna.

„Prima. Sie haben mir nämlich erzählt, dass sie einige Jahre um ihre Liebe kämpfen mussten, bis sie endlich zusammenleben konnten. Deswegen wissen sie auch, was sie aneinander haben. Wenn es Probleme gibt, dann wird eben diskutiert. Da geht es auch manchmal ganz schön hoch her. Ist ja auch nur natürlich. Aber am Ende finden sie immer gemeinsam eine Lösung, und ich werde meist mit einbezogen. Ich glaube, wir haben eine echte Demokratie."

„Meine Eltern streiten sich fast ständig", teilte ihm Anna bekümmert mit.

Max hob die Augenbrauen. „Oh, das ist ätzend. Das gibt schlechte Stimmung und vermutlich weißt du nie, wie oder ob es weitergeht."

Anna nickte. „Ja, das ist wirklich ein unsicherer Zustand. Ich weiß nie, was da so kommt und ob sie sich vielleicht so sehr streiten, dass sie sich mal scheiden lassen. Und sie sind auch nicht immer fair, wenn sie sich streiten. Und das, was sie sich an den Kopf werfen, kann ich hier gar nicht erzählen. Da geht es oft hoch her."

„Hast du schon einmal versucht, mit ihnen darüber zu reden?"

„Sie meinen, da dürfe ich mich nicht einmischen, das sei eine Sache zwischen ihnen. Aber ich will natürlich auch keine Partei ergreifen. Schließlich möchte ich es mir mit keinem von beiden verderben. Und das ist gar nicht so leicht, denn wenn sie sich gestritten haben, dann brauchen sie mich auf einmal beide. Ich lade schon gar keine Freunde mehr nach Hause ein, damit sie dieses Theater nicht mitbekommen. Deswegen kannst du mich auch meist bei Laura antreffen. Da ist es dann wenigstens friedlich."

Laura lachte. „Natürlich ist es da friedlich. Mein Vater ist die ganze Woche und auch an manchen Wochenenden unterwegs, und meine Mutter ist auch oft fort. Sie hat viele anstrengende Nachtdienste, die sie auf sich nimmt, um Menschen zu helfen. Glücklicherweise hat sie ihr Zimmer in einem anderen Teil unseres Hauses. Wenn sie dann tagsüber dort schläft, können wir sie wenigstens nicht stören. Aber wir halten uns auch viel im Keller auf. Denn da haben wir in dem Raum, in dem die Tischtennisplatte steht, auch noch andere Sportgeräte, damit jeder von uns drei Geschwistern beschäftigt ist."

„Ich lade euch einmal zu mir ein", überlegte Max. „Ihr müsst unbedingt meine Eltern kennenlernen. Ich weiß, dass sie sich früher immer Geschwister für mich gewünscht haben. Aber das hat nicht geklappt, und so sind sie wenigstens dankbar, dass sie mich haben. In unserem letzten Zuhause habe ich auch immer viele Freunde eingeladen, und meine Eltern haben sich darüber sehr gefreut."

„Ich habe nichts dagegen", bemerkte Anna. „In ein friedliches Zuhause komme ich gern."

Auch Laura nickte, und Max freute sich. „Wie sieht es bei euch mit morgen Nachmittag aus? Habt ihr Zeit?"

„Morgen Nachmittag geht es leider nicht", erklärte ihm Anna. „Da machen wir ein Picknick mit meinem Onkel und Lauras Tante Doro. Wir haben schon alles geplant und es tatsächlich geschafft, einen Termin zu finden, an dem beide Zeit haben."

Max sah sie erwartungsvoll an. „Dann übermorgen?"

Die beiden Mädchen nickten. Anna lächelte ihn an. „Gern. Wir freuen uns schon."

10. Kapitel

Laura spazierte mit ihrer Tante zum vereinbarten Treffpunkt. Die Sonne versteckte sich noch hinter den Wolken.

„Wenigstens ist es trocken", bemerkte Doro. „Vielleicht haben wir etwas Glück mit dem Wetter. Wie war es denn mit Max? Ihr seid mit ihm und seinem Hund spazieren gewesen?"

„Nicht nur das. Wir haben auch mit ihm Eis gegessen, er hat uns dazu eingeladen. Und morgen treffen wir uns bei ihm Zuhause und lernen seine Eltern kennen. Sie müssen riesig nett sein."

„Aber deine Eltern sind auch nett, finde ich. Oder kannst du dich beklagen?" fühlte Doro ihrer Nichte auf den Zahn.

„Natürlich sind sie nett. Ich liebe meine Eltern und bewundere sie, aber Max wird von seinem Vater gelobt, und er sagt ihm öfters, dass er stolz auf seinen Sohn ist. Das tut schon gut, wenn man so etwas einmal hört."

„Ja, da hast du absolut Recht. Lob tut gut. Und deine Eltern nehmen sich nicht die Zeit dafür, das ist sehr schade. Gerade in der Zeit, wo dein Selbstwertgefühl noch nicht groß genug ist, ist ein Lob besonders wichtig. Aber leider bekommen das nicht alle Kinder, so, wie sie es verdienen. Im Gegenteil, viele müssen unter den Problemen ihrer gestressten Eltern leiden, werden angemeckert und ungerecht behandelt. Die erleben dann schon sehr früh, wie es im rauen Leben im Erwachsenenalter zugeht. Da findest du auch nicht oft einen Chef, der dich immer gerecht behandelt, geschweige denn lobt oder auf dich stolz ist. So wird es dir dann später oft ergehen. Du wünschst dir Lob und Bestätigung, aber oft bekommst du nur Undank. Trotzdem müssen wir jetzt etwas für dich tun, damit du weißt, dass du gut bist, so wie du bist. Ich werde es dir sagen, und du solltest es dir selber sagen."

Laura rollte die Augen. „Ich soll mir sagen, dass ich gut bin? Da komme ich mir aber lächerlich vor."

„Das ist gar nicht lächerlich. Du willst gut sein, das ist gut. Du willst dein Leben in den Griff bekommen, das ist gut. Wenn du alles das, was du tun musst, nach bestem Wissen und Gewissen regelst, dann handelst du gut. Und wenn wir demnächst einmal eine Liste von all deinen Eigenschaften und Potenzialen machen, dann wirst du sehen, was du für ein toller und besonderer Mensch bist. Wer sich bemüht, der ist gut. Du machst dir viele Gedanken, damit zeigst du, dass du nicht gedankenlos und egoistisch und rücksichtslos bist. Da ist also schon einmal auf Anhieb eine ganze Menge, das ich loben kann."

Sie waren an dem Treffpunkt, einer kleinen Grillhütte angekommen. Anna und ihr Onkel erwarteten sie bereits und begrüßten die Ankommenden. Der Pfarrer und die Tante stellten sich einander vor und beschlossen, sich mit Julius und Doro anzusprechen.

Während sich Anna und der Pfarrer mit dem Grill beschäftigten, deckte Laura mit ihrer Tante den Tisch. Es gab verschiedene selbst gemachte Salate, einen Käsekuchen und kleingeschnittenes Obst und Gemüse, das sie in den Dosen unter Verschluss hielten, um die Insekten nicht anzulocken.

Als alles angerichtet war, verkündete Laura fröhlich: „Das Buffet ist eröffnet."

„Draußen schmeckt es immer viel besser", begann Julius das Gespräch.

„Und man darf ruhig ein bisschen krümeln und kleckern", fügte Anna hinzu.

„Ich erinnere mich, dass früher viele Erwachsene den Kindern sagten: „Mit dem Essen spielt man nicht". Aber wir haben doch früher ein bisschen gematscht. Besonders aus Kartoffelbrei konnte man eine idyllische Landschaft zaubern und mit Spinat den Wald auf den Bergen anbauen. Wenn der Brei schön steif war, gab es auch Höhlen und kleine Seen, die man mit Sauce füllen konnte."

„Am besten war die Plätzchenzeit", fand Julius. „Da wurde eine Menge ausgestochen und geformt. Aber den Rest des Teigs, den hatte jeder zur freien Verfügung, und da durfte man dann alles daraus formen, was einem gerade einfiel. Wir haben kleine Brote geformt oder lustige Männchen. Später gab es dafür dann auch Salzteig."

„Wir haben uns nur mit Knetmasse ausgetobt", wusste Anna. „Und an die Sandkastenzeit, in der man so richtig matschen kann, erinnere ich mich beim besten Willen nicht mehr."

„Ich habe gern mit Fingerfarben hantiert", erinnerte sich Laura. „Aber irgendwie hatte ich ein komisches Gefühl dabei. So, als würde ich etwas Verbotenes tun."

„Dann gab es sicherlich jemanden in deiner Familie, der sich vor manchem ein bisschen ekelt", vermutete Julius. „Was es früher extrem sauber bei euch?"

„Ich denke, bei meiner Mutter, die Ärztin ist, spielt Hygiene eine wichtige Rolle", überlegte Laura. „Aber ekeln darf sie sich eigentlich nicht. Ich denke, bei Kranken sieht sie da schon einiges, bei dem einem der Appetit vergehen könnte. Ich glaube, mein Vater ist eher so ein Ordnungsfanatiker. Er macht alles mit einem Terminplaner und sagt, dass er nur so alles perfekt erledigen kann. Ja, er möchte schon ganz gerne sehr perfekt sein und achtet auch zu Hause immer auf Ordnung."

„Regeln müssen sein", stimmte Tante Doro zu. „Aber es ist auch wichtig, dass man für besondere Ausnahmen Raum lässt. So wie es auch den Alltag an Wochentagen und den Feiertag am Sonntag gibt, so wie die Sterne in geregelten Bahnen verlaufen, aber eine Sternschnuppe Überraschungen bringt. Mit dieser Mischung lässt es sich ganz gut leben. Also, nutzt es aus, dass ihr hier kleckern und krümeln dürft. Zu Hause könnt ihr da keine positiven Reaktionen erwarten."

„Welches Rollenspiel machen wir denn hier gleich? Sind wir die Schüler und ihr die Lehrer, oder seid ihr unsere Eltern."

„Das können wir auch abwechseln. Fangen wir doch gleich einmal an! Aber vergesst nicht, es euch dabei schmecken zu lassen! Ich bin jetzt euer Vater und Doro ist eure Mutter. Jetzt könnt ihr einmal alles herauslassen, was euch auf dem Herzen liegt. Und wenn euch dieses Spiel ein bisschen Spaß macht, könnt ihr das auch einmal ohne uns weiterführen und immer einmal die Rollen untereinander tauschen. Das bringt oft ganz verblüffende Einsichten."

„Also gut", begann Anna. „Du bist jetzt mein Vater, Julius. Kannst du mir sagen, warum ihr euch immer so oft und so heftig streitet?"

„Wir haben viel Sorgen und viel Stress, und wir sind sehr oft anderer Meinung. Das versuchen wir dann zu diskutieren. Aber weil wir so gestresst sind, schießen manchmal die Emotionen in die Höhe. Und dann werden wir unsachlich. Das ist nicht schön, aber es ist nicht so gefährlich, wie du vielleicht denkst. Wir lassen den Dampf ab, und sind dann auf jeden Fall hinterher etwas befreiter."

„Ich finde das immer so ekelhaft, wenn ihr euch so beschimpft", fuhr Anna fort. „Ihr habt mir doch auch beigebracht, anständig zu reden und Schimpfworte zu vermeiden. Ihr seid doch die Erwachsenen, ihr müsst mir doch ein Beispiel geben. Aber ihr seid kein gutes Beispiel."

„Nein, das stimmt schon, und es tut uns auch sehr leid. Aber wir sind eben nur Menschen, und zwar ziemlich gestresste. Da fällt es nicht immer leicht, sich im Privatleben auch noch zu disziplinieren, wenn es im Berufsleben schon hart genug zugeht. Aber du hast Recht, da müssen wir etwas tun. Da müssen wir dran arbeiten."

„Ich denke immer, ihr habt euch nicht mehr so lieb, wenn ihr euch so fies behandelt. Und dann fürchte ich natürlich, dass ihr auseinandergeht, dass ihr euch trennt oder sogar scheiden lasst. Und da fürchte ich, dass ich dann auch so hin und her gezerrt werde, wie viele andere Scheidungskinder, die ich kenne."

„Es besteht kein Grund dazu, anzunehmen, dass wir uns scheiden lassen. Solange wir miteinander diskutieren und Dinge ändern und aufeinander abstimmen wollen, haben wir auch die Absicht, es weiter miteinander zu versuchen. Wenn wir mal nicht mehr miteinander reden und uns anschweigen und frustriert sind, das wird dann schlimmer. Dann haben wir den Kampf vielleicht schon aufgegeben und uns auseinandergelebt."

„Manchmal denke ich, dass ich zwischen euch vermitteln muss. Aber ich weiß wirklich nicht, auf welche Seite ich mich stellen soll. Mal hat der eine Recht und mal der andere. Ich will es jedem von euch recht machen, ich möchte mich mit jedem von euch verstehen. Bin ich denn irgendetwas schuld? Würdet ihr euch vielleicht besser verstehen, wenn ich nicht da wäre?"

„Um Himmels willen, nein! Das darfst du gar nicht denken! Unsere Gefühle zu dir haben damit gar nichts zu tun. Wir haben dich beide lieb, und du bist wichtig für uns. Wir haben eben im Moment eine ganze Menge Probleme, die wir auf unsere Art und Weise versuchen zu lösen. Versuche einmal, dir nicht allzu viele Gedanken darüber zu machen, dass wir streiten. Wir werden versuchen, in Zukunft etwas disziplinierter zu diskutieren."

Anna seufzte. „Das sagst jetzt nur du, Onkel Julius. Mein Vater wäre nie so vernünftig. Er würde seine Fehler nicht einsehen. Vermutlich würde er behaupten, dass er ganz vernünftig diskutiert, oder dass man mit meiner Mutter einfach nicht sachlich diskutieren kann."

Tante Doro mischte sich ein. „Dann ist ein Gespräch zu dritt bestimmt besser. Ich bin jetzt deine Mutter. Dann kannst du auch mit mir diskutieren."

„Also gut, Mama! Was sagst du zu diesem Thema? Kannst du mich verstehen?"

„Das versuche ich. Wir haben uns bisher tatsächlich noch nicht so große Gedanken darüber gemacht. Für uns gehört das Streiten schon fast zum normalen Alltag, und wir haben nicht geahnt, dass es dir so viele Ängste macht. Und ja, ich habe auch schon oft festgestellt, dass Papa unsachlich diskutiert. Bei dem andern sieht man die Fehler immer schneller, als bei sich selbst. Vermutlich provoziere ich ihn sehr. Ich glaube, dazu haben Frauen manchmal ein großes Talent. Natürlich gebe ich dir den Rat, unsere hitzigen Diskussionen nicht zu ernst zu nehmen. Aber trotzdem müssen wir doch eine Lösung finden, damit du dich in Zukunft besser fühlst." Würde so deine Mutter reagieren, Anna?"

Das Mädchen hob die Augenbrauen. „Ich weiß es nicht. Ob sie so viel Rücksicht auf mich nehmen würde? Eher nicht. Dazu leben meine Mutter und mein Vater doch viel zu sehr in ihrer eigenen Hektik und in der Welt der Erwachsenen. Ich werde es mal versuchen, so mit ihr zu sprechen, aber ich denke nach kurzer Zeit haben sie alle ihre guten Vorsätze schon wieder vergessen."

„Dann gibt es sicher nur eins, du musst wirklich versuchen, ihre Streitereien nicht mehr so wichtig zu nehmen. Ich habe sogar einmal gehört, dass es Menschen gibt, die einen täglichen Streit brauchen. Streitest du gern?"

Anna schüttelte den Kopf. „Überhaupt nicht. Ich versuche immer, alles im Guten zu regeln."

„Willst du mal tüchtig schimpfen? Willst du mal tüchtig schreien oder Dampf ablassen? Hier ist niemand rings um uns herum. Hier sind wir allein am Waldrand. Hier kannst du deinen Gefühlen freien Lauf lassen."

„Ach, nein. Das muss jetzt doch nicht sein. Das Gespräch hat mir auch schon etwas geholfen. Ich konnte schon einmal sagen, wie ich mich fühle. Darüber werde ich jetzt erst einmal nachdenken."

11. Kapitel

Julius wandte sich an Laura. „Jetzt ist die Reihe an dir, etwas loszuwerden.“

Das Mädchen überlegte. „Also gut, Papa! Wenn du schon einmal Zeit hast, dann will ich diese Gelegenheit auch ausnutzen. Ich habe Angst vor der Schule. Aber du gibst mir immer das Gefühl, dass es einfach meine Pflicht ist, die Schule toll zu finden und dankbar zu sein, dass ich überhaupt dorthin gehen darf. Selbst vor dem Einschlafen abends im Bett muss ich mich immer an besonders schöne Dinge erinnern, damit es mir nicht vor dem anderen Tag graut.“

„Aber vor der Schule muss man keine Angst haben. Schule ist etwas Schönes, man darf dort lernen und wird ein bisschen auf das Leben vorbereitet.“

„Ach, nein! Nicht wieder diese Sätze! Die habe ich schon so oft von dir gehört und sie passen überhaupt nicht zu dem, was ich fühle. Du erwartest etwas von mir, und die

Lehrer erwarten etwas von mir. Aber wenn ich so viel Angst habe, kann ich die Erwartungen nicht erfüllen. Dann kann ich mich nicht einmal richtig konzentrieren. Außerdem fällt mir das Lernen sehr schwer. Andere Kinder haben es da vielleicht leichter. Sie lesen sie etwas durch, und schon haben sie es sich gemerkt. Bei mir ist das ganz anders. Es dauert eine Ewigkeit, bis ich mir etwas eingepaukt habe, dann muss ich erst einmal eine Nacht drüber schlafen, und wenn ich es dann wiederholt habe, dann fängt es langsam an, zu sitzen. Während andere kinderleicht lernen, muss ich immer pauken."

„So, du denkst also, du würdest Zeit mit dem Pauken verbringen. Das Leben ist hart, ich muss viel arbeiten, und ein Schüler muss viel lernen. Aber sicherlich gibt es Methoden, mit denen du dir etwas leichter einprägen kannst. Damit arbeiten heute schon viele Menschen."

„Ich weiß nicht, ob ich damit zurechtkomme. Aber ich kann es ja einmal versuchen. Ich habe auch schon von solchen Methoden gehört, wie man sich etwas besser einprägen kann. Vielleicht könnte mir jemand dabei helfen? Du oder Mama oder irgendjemand, der Zeit hat?"

„Wir könnten einmal schauen, ob wir einen Nachhilfelehrer für dich finden, der Zeit hat, dir dabei zu helfen. Wie du ja weißt, sind wir selbst leider völlig überlastet und haben dafür leider keine Zeit. Aber da gibt es noch eine andere Möglichkeit, wie man sich etwas mehr Spaß an der Schule verschaffen kann."

„Und? Das wäre?"

„Man kann für die Schulfächer auch etwas Praktisches unternehmen. Für den Bio-Unterricht kann man beispielsweise eine Exkursion in die Natur machen oder in ein Naturkundemuseum. Man kann sich die Tiere im Zoo anschauen und die Pflanzen in botanischen Gärten oder in der freien Natur. Für die Chemie kann man experimentieren, dazu gibt es auch Experimentier-Kästen. Für die Geschichte kann man historische Stätten besuchen und ebenfalls Museen besichtigen.

Es gibt ganz interessante Filme mit Biografien im Bereich der Geschichte, und um die Sprachen zu lernen, kann man Ausflüge in die entsprechenden Länder machen. Was hältst du denn von solchen Experimenten. Dann sind die Schulfächer weniger trocken, und sie fangen an zu leben."

„Das hört sich ganz gut an. Vielleicht kann ich dann besser lernen, wenn all diese trockenen Dinge anfangen zu leben. Dann macht es auch alles mehr Sinn. Dann weiß ich auch, dass das alles kein totes Wissen ist, sondern dass man das Gelernte wirklich zu etwas gebrauchen kann."

„Genauso ist es. Und jetzt noch mal zurück zu den Lehrern und Mitschülern. Da gibt es sicherlich auch Probleme, liebes Kind."

„Ja, richtig. Ich möchte irgendwie gut dastehen. Ich möchte nicht ausgelacht werden, weder von meinen Mitschülern noch von den Lehrern. Ich will mich nicht blamieren."

Tante Doro lächelte. „Ja, das Thema kommt mir bekannt vor. Vor anderen Menschen dazustehen und wegen eines Fehlers ausgelacht zu werden, dass schmerzt ganz schön. Da muss man sich tatsächlich immer wieder sagen, dass solche Dinge schnell in Vergessenheit geraten und man versuchen muss, mit ganz viel Mut einen neuen Anfang zu machen. Man muss ich sagen, ich will es beim nächsten Mal besser machen. Ich will es ihnen zeigen. Aber möglicherweise hast du auch irgendein Fach, bei dem du besonders gut bist, oder?"

„Die Fächer in der Schule liegen mir nicht so sehr. Da gibt es kaum ein Fach, in dem ich besonders gut oder besonders stark bin. Wenn ich Zuhause bin, kann ich auch ganz gut basteln und habe dabei sehr gute Ideen. Meine Finger sind sehr geschickt, bei solchen Dingen bin ich häufig viel besser als meine älteren Geschwister. Vielleicht habe ich mehr praktische Talente? Vielleicht hätte ich eher eine andere Schule besuchen sollen, in der solche Talente mehr gefragt werden."

„Es gibt sicher noch andere Schulformen, in denen deine praktischen Talente mehr gesehen und mehr gefördert werden. Aber jetzt sollten wir tatsächlich erst einmal herausfinden, ob du nicht doch auch mit dieser Schulform zurechtkommen kannst. Wenn du keine Angst mehr hast, dich zu blamieren und du etwas mehr Spaß an den Fächern bekommst, könntest du auch in dieser Schule weitermachen, weil sie hinterher eine gute Grundlage bildet für alle Berufe deiner Wahl. Wenn unsere ganzen Versuche, von denen wir bis jetzt einmal kurz gesprochen haben, nicht fruchten, kann man immer noch über einen Schulwechsel sprechen. Was hältst du davon? Ich denke, man sollte immer erst mal alles versucht haben, bevor man aufgibt und die Flucht ergreift."

Laura nickte. „Ja gut. Ich will diese dumme Schulangst verlieren, mit allen Mitteln."

„Dann schlage ich dir vor, dass wir in der Konfrontationstherapie weitermachen" überlegte Tante Doro. „Am nächsten

Schultag kannst du dich einmal ganz bewusst dieser Angst stellen. Das heißt, du meldest dich auch einmal für eine Antwort, bei der du dich nicht ganz 100-prozentig sicher fühlst und eventuell der Gefahr läufst, ausgelacht zu werden. Und dann horchst du mal in dich hinein und versuchst zu spüren, wie dieses Angstgefühl ist, wann es groß ist, und wann es wieder verschwindet."

„Nein, das kann ich noch nicht. Wirklich noch nicht, Tante Doro!"

Die Tante lächelte. „Aber ich bin doch jetzt gar nicht deine Tante. Im Moment spiele ich deine Mutter. Ich hatte gedacht, sie käme bestimmt mit diesem Vorschlag. Du erzähltest mir, dass sie sehr streng ist und viel von dir verlangt und es für selbstverständlich hält, dass du alles gut und richtig machst. Wir beide können ruhig noch eine Weile miteinander arbeiten, bevor wir weitere Schritte unternehmen."

Laura atmete auf. „Puh! Jetzt hast du mir aber einen Schrecken eingejagt. Und ich dachte schon, nach diesem Gespräch müsste ich jetzt ins kalte Wasser geworfen werden."

„Du hast alle Zeit der Welt", versprach die Tante. „Wir wollen so lange in deinen Ängsten herumstochern, bis sie keine Geheimnisse für uns haben und dich nicht mehr erschrecken können. Wenn du sie wirklich von allen Seiten kennst, dann verlieren sie ihre Schrecken, wie ein Gespenst das du am hellen Tage siehst."

12. Kapitel

„Und jetzt machen wir eine Pause und beginnen, etwas zu spielen", schlug Onkel Julius vor.

Nachdem sie die Essensreste eingepackt und in den Rucksäcken verstaut hatten, holte Tante Doro ein Federballspiel und eine Frisbee-Schreibe aus dem Gepäck hervor, mit denen sie sich in der nächsten halben Stunde beschäftigten.

Ein kleiner Streifzug in den naheliegenden Wald beendete die Picknicktour. Sie pflückten Walderdbeeren, beobachteten Schmetterlinge und horchten auf die Stimmen der Vögel.

„Tief einatmen!" empfahl die Tante. „Diese Luft hier ist nicht nur gut für die Lungen, sondern auch für die Seele. Hier kann man sie einmal im wahrsten Sinne des Wortes „baumeln" lassen. Schließt einmal die Augen und horcht nach außen und nach innen! Die Natur hält ein großes Entspannungspotenzial bereit."

„Es ist schön hier", stimmte Anna zu. „So ein bisschen wie Urlaub. Aber am schönsten wäre ein Urlaub auf dem Bauernhof. Das würde mir Spaß machen."

„Magst du Tiere gern?" erkundigte sich Tante Doro.

„Ja, aber im Moment darf ich ja nicht einmal einen Hund haben. Meine Eltern haben im Moment mit sich sehr viel zu tun, und von Urlaub ist überhaupt nicht die Rede."

„Vielleicht gibt es hier in der Nähe einen Bauernhof, auf dem du die Tiere einmal besuchen darfst. Wir könnten auch einmal schauen, ob es hier in der Nähe einen Streichelzoo gibt. Wäre das etwas für dich?"

„Ja schon. Aber so oft darf ich da sicherlich nicht hingehen", bedauerte das Mädchen.

„Dann müssen wir einmal überlegen, was es noch für andere Möglichkeiten gibt, damit du dich mit Tieren beschäftigen kannst. Möglicherweise gibt es ein Tierheim in deiner Nähe. Vielleicht kannst du da kleine

Hunde ausführen oder mit ihnen spielen. Und wenn das nicht klappt, dann könntest du einmal nachhören, wer in der Nachbarschaft einen Hund besitzt. Manchmal sind die Hundehalter ganz froh, wenn sich jemand findet, der sich um das Tier ab und zu kümmert. Das ist häufig auch bei älteren Leuten so, die manchmal nicht mehr so ganz fit sind. Also könnten wir schon einmal diese Möglichkeiten ins Auge fassen. Zuerst fragst du deine Eltern nach einem Urlaub auf dem Bauernhof, wenn ihnen das nicht passt, fragst du nach einer Erlaubnis, einen Bauernhof zu besuchen und mit deiner Freundin in den Streichelzoo zu gehen. Und wenn dir das noch zu wenig ist, schaust du dich nach einem Tierchen in deiner Nähe um, vielleicht nach einem Hund, den du ab und zu betreuen kannst."

„Unser neuer Freund Max hat einen Hund. Mit dem können wir jetzt ab und zu spielen. Aber das ist natürlich nicht so oft. Ich würde mich doch schon gern etwas mehr mit Tieren beschäftigen."

„Vielleicht gibt es sogar die Möglichkeit, im Streichelzoo ein bisschen mitzuhelfen. Man muss einfach mal nachfragen. Aber am besten wäre es natürlich, wenn dir deine Eltern ein eigenes Tier erlaubten. Für jeden Menschen kann es gut sein, wenn er lernt, mit Tieren richtig umzugehen. Mit einem eigenen Tier kann man Verantwortung übernehmen. Und ein Hund kann außerdem ein treuer Freund sein. Er hört einem zu, man kann mit ihm kuscheln, ja, er kann sogar bei Kummer trösten. Er kann auch ein guter Therapeut sein. Vielleicht sprichst du doch noch einmal in Ruhe mit deinen Eltern."

„Und wenn das gar nicht fruchtet, kannst du mich immer noch zu Hilfe rufen", schlug Onkel Julius vor.

„Prima", freute sich Anna und wandte sich an die Freundin. „Gehen wir noch ein Stück zum Bach? Dann können sich die Erwachsenen auch noch ein paar Minuten allein unterhalten."

Laura nickte. „Na klar! Ich wollte schon immer einmal nachsehen, ob es dort kleine Fische gibt."

Die beiden Mädchen entfernten sich von den Erwachsenen.

Anna grinste. „Jetzt möchtest du bestimmt die beiden alleine lassen, damit sie sich auch privat etwas näher kennenlernen, oder?"

„Natürlich. Dafür haben wir doch dieses Picknick arrangiert. Ich finde, sie passen prima zueinander, und sie haben sich mächtig für uns ins Zeug gelegt. Sie wollen uns beide helfen, das finde ich riesig nett. Und vielleicht können sie das auch wirklich."

Anna sah die Freundin erwartungsvoll an. „Geht es dir auch so? Je mehr ich über diese Angst spreche, desto weniger spüre ich sie."

„Ich spüre sie immer noch wie ein Ungeheuer in meinem Magen", bekannte Laura. „Vielleicht habe ich auch etwas am Magen. Oder vielleicht geht mir immer alles ganz schnell auf den Magen. Das kenne ich auch noch von meiner Großmutter. Sie hat auch zu viele Magensäure. Und wenn die sich zu sehr aufregt, dann bekommt sie immer Magenkrämpfe."

„Wahrscheinlich hast du einen genauso empfindlichen Magen wie deine Oma. Und wenn du Angst hast, spürst du sie dann eben dort. Das ist eben deine Schwachstelle. Schau mal da, im Bach! Ich glaube, da habe ich jetzt einen kleinen Fisch gesehen."

Laura sah in das Wasser und lachte. „Ich sehe leider keinen Fisch. Das war nur ein schmales, langes Blatt, das von den Wellen getragen wurde."

13. Kapitel

„Ist das nicht komisch, dass du jetzt gelacht hast, weil ich einen Fisch gesehen habe, der ein Blatt war? Jetzt hast du mich auch ausgelacht. Also ist das doch etwas sehr Menschliches. Warum fürchten wir uns dann so davor?"

„Ich habe dich nicht ausgelacht. Ich habe mich nur darüber amüsiert. Ein Fisch sieht doch auch manchmal so aus wie ein langes Blatt. Das kann man oft nicht so voneinander unterscheiden aus der Entfernung."

„Du hast mich doch ausgelacht", behauptete Anna. „Warum lachen Menschen, wenn andere Fehler machen? Brauchen sie dieses Lachen wirklich, um sich dann gut zu fühlen?"

„Ich habe mal etwas über das Lachen gelesen. Das tun die Menschen schon von Ewigkeiten her. Sie haben sich am Anfang immer angelacht, um sich zu zeigen, dass sie keine Feinde sind, dass sie sich nichts Böses wollen. Mit meiner Tante habe ich neulich auch darüber geredet. Sie denkt, wenn man einen anderen auslacht, dann freut man sich, dass man nicht selbst gerade derjenige ist, der solch ein Pech hat."

Anna schüttelte den Kopf. „Nein. Es heißt doch auch Schadenfreude. Also freut sich der Mensch, wenn der andere einen Schaden hat. Ist so etwas nicht eigentlich gemein? Man sollte doch niemandem etwas Böses wünschen."

„Vielleicht ist dieses Lachen aus Schadenfreude auch gar nicht böse gemeint", vermutete Laura. „Vielleicht soll es sogar den trösten, der den Schaden hat? Man sagt dem anderen: Nimm die Sache nicht so ernst! Sei nicht traurig darüber! Ärgere dich nicht über die kleine Panne! Lache einfach mit mir darüber! Nimm es leicht!"

„Bei einigen Menschen kann es ja stimmen", gab Anna zu. „Aber kannst du dir vielleicht vorstellen, dass Jessica und Sabine solch freundliche Gedanken haben?"

„Nein, das kann ich auch nicht. Und ich frage mich wirklich, was schlimmer ist: wenn sie mir einmal ganz ernsthaft und deutlich und sachlich die Meinung sagen, oder wenn sie mich auslachen? Ich glaube, dieses Auslachen ist schlimmer, man kann ihm ja keine Argumente entgegensetzen. Wenn dir einer klar und deutlich die Meinung sagt, kannst du dich wahrscheinlich wehren. Aber das Auslachen, das ist kein sachliches Argument. Das ist einfach nur der Ausdruck einer Emotion. Dagegen kann man sich doch nicht wehren."

Jetzt lachte Anna. „Du sprichst jetzt schon wie eine Professorin. Woher hast du das denn, und wo hast du diese Weisheit aufgeschnappt?"

„Und jetzt lachst du auch", stellte Laura fest. „Mit Lachen versucht man einfach, den Ernst der Situation zu entschärfen. Gelesen habe ich das gestern im Internet. Da mache ich mich nämlich in letzter Zeit oft schlau. Und das finde ich sogar viel interessanter als das Lernen in der Schule. Da suche ich mir genau das raus, was ich wissen will. Vielleicht sollte man sich lieber selbst alles beibringen, anstatt in die Schule zu gehen."

„Ich glaube, das wäre nicht so gut. Dann würden wir sicherlich nur ein Bruchteil von dem lernen, was wir für unsere Prüfungen brauchen. Schließlich ist dieser Lernstoff schon lange erprobt."

„Nur weil er schon so lange erprobt ist, muss er nicht auch gut sein. Im Laufe der Zeit können sich auch viele Dinge ändern. Da sollte man ein bisschen mit der Zeit gehen. Ich weiß nämlich ganz genau, dass meine Eltern vieles von dem, was sie in der Schule gelernt haben, heute überhaupt nicht mehr brauchen. Die haben jetzt ihr ganz spezielles Fachwissen."

„Naja, komisch ist es schon. „Ich glaube auch nicht, dass meine Eltern heute noch wissen müssen, wie man ein Kreis in einem Dreieck konstruiert. Aber vielleicht waren genau diese Aufgaben doch wichtig, um ein bestimmtes Denken in uns anzuregen, damit wir andere Aufgaben einmal lösen können, bei denen man einen ähnlichen Gedankengang gehen muss."

„Ach so, du meinst das Wissen selbst ist gar nicht so wichtig, sondern nur, dass wir gelernt haben, wie man diese Dinge lernt und was man mit ihnen anfangen kann. Dann hätte das ganze Schulpensum ja doch einen Sinn."

Anna zeigte mit dem Finger auf die beiden Erwachsenen. „Schau doch mal, wie gut sie sich amüsieren! Sie sind so in das Gespräch vertieft, dass sie uns gar nicht mehr sehen. Die wären doch ein tolles Paar."

Laura lächelte. „Ja, das finde ich auch. Wahrscheinlich würden sie sich nicht so häufig streiten wie deine Eltern. Aber ob sie auch Zeit für einander hätten? Jedenfalls bemühen sich die beiden viel um uns. Das muss man schon anerkennen. Meinst du denn, dass es überhaupt etwas nutzt, wenn wir diese Gespräche mit den beiden netten Verwandten üben? Mit ihnen zu reden fällt uns doch ziemlich leicht, aber ein Gespräch mit den Eltern oder den Lehrern sieht doch dann wieder ganz anders aus."

„Trotzdem glaube ich, dass es schon einmal eine gute Übung ist. Wir lernen, unsere Gedanken zu sortieren und auszusprechen. Und wenn wir unsere Wünsche dann wieder vor den Eltern oder den Lehrern äußern, dann können wir uns an diese Gespräche erinnern und sind sicherer in unserer Wortwahl."

„Ich finde, du hast eine gute Wortwahl", meinte Laura anerkennend. „Du sprichst wie eine Erwachsene."

„Dankeschön für dieses Lob! Es tut sogar gut, von dir gelobt zu werden. Ich weiß nämlich, dass du mir nicht einfach nur schmeicheln möchtest, sondern merke, dass du es ehrlich meinst."

Laura nickte. „Dafür sind wir doch Freundinnen, und wir sagen uns ehrlich, was wir denken. Sogar Kritik können wir voneinander annehmen, weil wir uns einfach als Freundinnen schätzen."

„Ich glaube, jetzt sollten wir einmal zurückgehen zu unseren Verwandten. Sonst benehmen wir uns zu auffällig, und sie erraten vielleicht, warum wir sie alleingelassen haben. Auf jeden Fall fand ich, dass unser Picknick ein gelungener Ausflug war und rundherum ein bisschen Erfolg gebracht hat."

„Und jetzt noch ein bisschen Sport!" schlug Laura vor. „Machen wir ein kleines Wettrennen. Wer zuerst am Rastplatz ist, hat gewonnen."

Die beiden Mädchen spurteten los und rannten um die Wette, bis sie gleichzeitig die beiden Erwachsenen erreichten und sich dort lachend in die Arme fielen.

14. Kapitel

Am Abend traf Laura beim Einkaufen im Supermarkt auf Jessica. Sie wollte grußlos an ihr vorübergehen, aber die Mitschülerin hielt sie fest. „Ich habe schon gehört, dass ihr euch mächtig an Max heranschleimen wollt, du und Anna. Wir haben euch gesehen, als ihr euch im Park mit dem Hund so albern benommen habt. Wie die Kindergartenkinder!"

Laura bedachte Jessica mit einem abweisenden Blick. „Was willst du von mir? Und was geht es dich an?"

„Es geht mich eine ganze Menge an, wie ihr euch in der Öffentlichkeit verhaltet", behauptete die Mitschülerin. „Und schließlich ist Max unser Freund. Er kommt morgen zu unserer Party, die wird ihm bestimmt Spaß machen. Ob er sich danach immer noch mit euch abgibt, das ist die Frage."

Laura versuchte, souverän zu lächeln. „Max kann sich seine Freunde selbst aussuchen. Er lässt sich von niemandem zur Freundschaft zwingen. Und von Hunden hast du auch keine Ahnung, sonst wüsstest du, wie man mit ihnen umgeht und wie man mit ihnen spielt."

Jessica hob ihre Hand zu einer abwehrenden Bewegung. „Wenn Max erst einmal unsern Swimmingpool gesehen hat, wird er die meiste Zeit sicher bei uns verbringen. Dann wird der Hund Nebensache. Wir haben coole Computerspiele, die jedem Jungen Spaß machen. In meinem Zimmer steht eine riesige Playstation, mit der man alles Erdenkliche machen kann."

„Irgendwann wird das auch langweilig", vermutete Laura. „Max treibt selber Sport, da kann er aktiv werden. Das ist viel spannender, und da kann er sich mit echten Menschen messen. Dabei kann er auch mit Freunden spielen. Das ist viel interessanter. Aber auch dabei bin ich ganz sicher, dass er selbst weiß, was er will. Und eins weiß ich ganz gewiss, er liebt seinen Hund. Den wird er deinetwegen ganz sicher nicht vernachlässigen."

„Wir werden sehen", orakelte Jessica und setzte ein geheimnisvolles Lächeln auf. „Hast du schon fleißig für die Schule geübt? Man sieht dich nicht besonders glänzen. Ich denke, deine Eltern erwarten mehr von dir."

„Ich muss nicht unbedingt glänzen", behauptete Laura. „Ich muss nicht immer im Mittelpunkt stehen wie du. Ich bin auch ganz gern im Mittelfeld. Abgesehen davon erwarten auch meine Eltern nicht von mir, dass ich die Klassenbeste bin. Wozu auch? Diese Noten sagen nicht unbedingt etwas über meine Intelligenz aus, höchstens über das Wissen, dass ich mir angeeignet habe. Aber auch Menschen mit einem großen Wissen können in gewisser Weise dumm sein. Dann nämlich, wenn sie nichts damit anzufangen wissen. Schulnoten sagen also nichts über die Intelligenz aus, sondern hängen von ganz verschiedenen Dingen ab, die noch nicht einmal immer berechenbar sind. Meine Eltern erwarten nichts von mir, ich darf frei entscheiden, ob ich zum Durchschnitt gehöre oder eine Streberin bin. Nebenbei, deine Leistungen sind auch nicht in allen Fächern hervorragend. Was spielst du dich also so auf?"

„Ach, du bist doch nur neidisch auf mich und meine Position in der Schulklasse. Du gehörst eben nicht zur Elite. Hast du dich schon mal angesehen? Das, was du da anhast, ist modisch absolut out. Hast du die Sachen aus einer Kleidersammlung?"

Laura protestierte „Meine Eltern besitzen genügend Geld, um mich nach meinem Geschmack einkleiden zu können. Allerdings habe ich meinen eigenen Geschmack und renne nicht unbedingt den ganzen Viehherden hinterher, die einer vorgeschriebenen Mode nachlaufen. Ich mag meine Klamotten und trage sie gern, weil sie mir gefallen und nicht irgendeinem Modezar."

Sie spürte, dass sie während des Gesprächs immer stärker wurde. Wirklich, so eine

Konfrontation konnte etwas bringen! Je mehr sie mit guten Antworten konterte, umso stärker fühlte sie sich, umso größer wurde ihr Selbstbewusstsein.

„Damit kannst du ins Armenhaus gehen", versuchte Jessica, die Mitschülerin zu beleidigen. „Leg die Sachen lieber wieder in die Altkleidersammlung zurück! Du siehst lächerlich aus."

„Ich will dir nicht gefallen", antwortete Laura vergnügt. „Und solltest du mich fragen, wie mir deine Anziehsachen gefallen, so muss ich dir auch gestehen, dass du so rumläufst wie jeder, der unbedingt der aktuellen Mode hinterherrennt. Da ist keine eigene Note drin, kein eigener Geschmack. Du könntest dich jetzt ins Schaufenster eines Kaufhauses stellen, da würdest du nicht auffallen. Aber wenn du mal eine eigene Persönlichkeit zeigen willst, dann musst du schon deinen eigenen Geschmack entwickeln."

„Meine Klamotten sind von den teuersten Markenfirmen und aus Boutiquen. Ich ziehe nur das Beste an, das bin ich mir wert."

Laura lächelte immer noch. „Teuer muss nicht unbedingt auch gut sein", wusste sie. „Und so wie du läuft jedes Herdentier rum. Nein, damit kannst du mir nicht imponieren. In solchen Sachen würde ich mich nicht wohl fühlen. Aber jetzt habe ich keine Lust mehr, deinem dummen Geschwätz zuzuhören. Bei uns gibt es gleich Abendbrot und später kommt Max noch zu uns. Dann spielen wir nämlich bei uns im Keller Tischtennis. Das ist ein Lieblingshobby von ihm. Solltest du dir gut merken!"

Damit wandte sie sich zufrieden ab und ließ die Mitschülerin stehen.

Wieder horchte sie in sich hinein. Das Gespräch mit Jessica war gar nicht so schlimm, wie sie es befürchtet hatte. Auf jeden dummen Spruch hatte sie eine Antwort gegeben. Ja, mit einem Mal erschien ihr das Mädchen gar nicht so stark wie bisher. Hatte sie doch immer nur versucht, aus sich etwas

Besonderes zu machen mithilfe des Geldes ihrer Eltern und mit ihren etwas besseren Noten. Offenbar wollte sie sehr gut dastehen und brauchte das Gefühl der Überlegenheit. Laura erinnerte sich an die Gespräche mit ihrer Tante. Suchten nicht gerade die Menschen Anerkennung, die zu wenig Selbstbewusstsein hatten? Jessica wollte sich groß machen, also hatte sie das Bedürfnis nach Größe. Und wenn sie ein starkes Bedürfnis danach hatte, fehlte ihr irgendwo die echte Anerkennung. Vielleicht kannte sie wirklich in sich keine echte Stärke und benötigte die Geltung, die ihr das Geld der Eltern verschaffte. Genau genommen war das traurig. Jessica musste andere Menschen provozieren und klein machen, um sich selbst darüber stellen zu können. Nein, damit war Jessica auf keinen Fall eine starke Person.

Laura tätigte ihren Einkauf und lief vergnügt nach Hause. Dort machte es ihr Spaß, bei den Vorbereitungen des Abendessens zu helfen. Gemeinsam mit den Geschwistern ließen sie sich die Bratkartoffeln, den Salat und die Spiegeleier schmecken. Dennoch vermisste das Mädchen die Mutter, die wieder einmal Überstunden machte. Wie schön wäre es jetzt gewesen, ihr die Ergebnisse des heutigen Tages erzählen zu können!

15. Kapitel

Etwas später kam Max zum Tischtennis spielen.

Laura öffnete ihm die Tür. „Prima, dass du da bist. Anna hat leider absagen müssen. Ihre Eltern haben es ihr für heute Abend nicht mehr erlaubt, mich zu besuchen. Sie muss noch für die Schule üben."

„Dann spielen wir heute eben allein. Das ist auch kein Drama", fand Max. „Hauptsache, wir bleiben ein bisschen im Training. Ich werde jetzt auch immer morgens durch den Park joggen. Hast du Lust mitzugehen?"

Das Mädchen führte ihn in den Keller.

„Wenn es nicht zu früh ist. Nimmst du den Hund auch mit?"

Max sah sich um. „Nein, der Hund kommt nicht mit. Schön habt ihr es hier! Ein richtig toller Sport- und Fitnessraum. Daran sieht man, dass du auch einen Bruder hast und dass sich deine Eltern gut um euch kümmern."

„„„Ja, das stimmt. Meine Eltern sorgen gut für uns, Sie kaufen uns alles, was wir brauchen. Ich wünschte mir nur, sie hätten etwas mehr Zeit für uns. Manchmal möchte ich ganz gern mit ihnen reden."

Er nahm den Tennisschläger in die Hand.

„Ach, das ist nur eine Phase. Das geht schnell vorbei. Es wird gar nicht mehr so lange dauern, und dann wirst du froh sein, dass du viele Dinge allein machen kannst, ohne dass dir deine Eltern dabei ständig auf die Finger gucken. Ich kenne eine ganze Reihe von Kindern, die gern mit dir tauschen möchten. Sie finden es viel abenteuerlicher, wenn sie alles ohne die Eltern ausprobieren können. Damit wird man doch auch sehr schnell selbstständig."

Sie schlugen den Ball mehrere Male hin und her.

„Von der Seite habe ich das noch gar nicht betrachtet", überlegte Laura. „Ja, vielleicht können solche Gluckeneltern auch sehr lästig sein. Vielleicht wünscht man sich immer das, was man nicht hat."

„Wenn eure Eltern euch so allein hantieren lassen, dann zeigt das auch, dass sie euch sehr vertrauen", fand Max. „Das muss dich doch stolz machen. Das ist doch quasi wie ein Lob."

„Von der Seite her habe ich das noch gar nicht betrachtet. Das ist ein ganz neuer Gedanke für mich. Aber du hast Recht. Wir können viel allein ausprobieren, das ist schon abenteuerlich. Allerdings sind meine Eltern auch immer gerade dann nicht da, wenn ich Probleme habe und sie ganz nötig brauche. Und in brenzligen Situationen habe ich dann niemanden, der hinter mir steht."

„Na ja, es müssen ja nicht immer die Eltern sein, die einem den Rücken stärken. Manchmal finde ich bei meinen Großeltern mehr Zuspruch. Und du hast auch noch deine Geschwister und deine Freundin Anna. Also stehst auch nicht ganz allein da mit deinen Problemen."

„Richtig, und darüber bin ich auch froh. Und zusätzlich habe ich noch eine ganz tolle Tante, meine Patentante. Die wohnt sogar nebenan, und ich kann sie immer fragen, wenn sie nicht gerade in Urlaub ist. Sie ist nämlich sehr oft fort, aber wenn sie da ist, kann ich mich jederzeit an sie wenden."

„Und wenn sie auf Reisen ist, gibt es doch trotzdem Möglichkeiten, mit ihr in Kontakt zu kommen", wusste Max. „Es gibt das Internet, da kannst du mit ihr telefonieren und sie sogar dabei sehen. Dabei gibt es die verschiedensten Möglichkeiten. Die Technik ist in dieser Hinsicht enorm weit fortgeschritten."

Laura nickte. „Richtig. Mit Kleinigkeiten würde ich sie im Urlaub natürlich nicht belästigen. Aber bei einem Riesenproblem könnte ich sie jederzeit anrufen. Was machen eigentlich die Kinder, die überhaupt niemanden haben außer ihren Eltern, die keine Zeit für sie haben oder ihnen nicht zu hören?"

„Da gibt es aber vom Staat besondere Einrichtungen, an die sich Kinder und Jugendliche wenden können. Da sind zum Beispiel das Jugendamt und die

Familienfürsorge. Aber man kann auch zu den Kirchengemeinden gehen, da findet man auch Ansprechpersonen, wenn man Probleme hat."

Laura lächelte. „Richtig. Annas Onkel ist ein Pfarrer. Er hat auch ein offenes Ohr für alle Menschen und unsere Sorgen, an den kann man sich zum Beispiel auch wenden."

Sie spielten einige Bälle hin und her und hatten ihren Spaß dabei, wenn sie den Schlag parieren konnten. Aber sie fanden es auch lustig, wenn sie den Ball nicht erwischten und er durchs Zimmer hüpfte.

„Komisch", fand Laura. „Wenn man hierbei etwas falsch macht, finde ich es lustig, in der Schule dagegen nicht."

„Das ist doch leicht zu erklären", meinte Max. „In der Schule ist ein gewisser Druck dahinter, da will oder sollte man gut sein, da versucht man, Fehler zu vermeiden. Aber bei einem Hobby ist das ja völlig egal, da kann man solche Dinge auf die leichte Schulter nehmen."

Das Mädchen sah ihren neuen Freund fragend an. „Du bist ja noch nicht lange bei uns in der Klasse. Wie wichtig ist es dir denn, gut dazustehen?"

„Meine Eltern haben mir immer wieder gesagt, dass ich nicht für die Schule lerne, sondern für mich selbst. Deswegen versuche ich schon, eine schlechte Note nicht so wichtig zu nehmen. Aber im Grunde genommen ärgerte mich dann doch, und dann setze ich wieder alles dran, es beim nächsten Mal besser zu machen."

„Ja, das geht vielleicht bei Klassenarbeiten oder anderen Prüfungen, aber was ist mit den Fächern, bei denen keine Arbeiten geschrieben werden? Was machst du da gegen eine schlechte Note?"

„Was meinst du denn da zum Beispiel? An welches Unterrichtsfach hast du gedacht?"

„An Geschichte und Religion zum Beispiel. An Herrn Motsch. Mit ihm habe ich nämlich Probleme. Er ist sehr ungerecht zu mir und lässt mich gar nicht zu Wort kommen. Ich habe in Religion nur ein „Befriedigend"."

Max überlegte. „Diese Note ist allerdings für Religion ziemlich ungewöhnlich. Kennst du denn Herrn Motsch näher?"

Laura sah ihn erstaunt an „Nein. Warum? Ist das wichtig?"

„Ich denke schon. Er ist ein Freund meines Vaters. Ich kann dir eine Menge über ihn erzählen."

„Na dann schieß mal los!" forderte sie ihn auf.

16. Kapitel

„Das, was ich dir erzähle, wird dir seine Vorgehensweise erklären. Aber das soll natürlich nicht entschuldigen, dass er dir eine so miese Note gegeben hat. Es ist trotzdem wichtig, dass du dich dagegen wehrst und einmal mit ihm redest."

„Dazu habe ich im Moment noch nicht den Mut", bekannte Laura.

„Den wirst du sicher bekommen, wenn du alles über ihn gehört hast", prophezeite Max. „Herrn Motsch geht es nämlich überhaupt nicht gut. Vor einem Jahr hat sich seine Frau von ihm scheiden lassen, weil die sich in einen sehr reichen Mann verliebt hat, und das hat ihn sehr mitgenommen und danach ist er krank geworden. Ich weiß, dass er auch sehr große Schmerzen hat, und die meisten Menschen, die länger Schmerzen haben, verändern sich. Manche von ihnen werden launisch und manche von ihnen ungerecht.

Das liegt daran, dass sie meist nur noch an sich selbst denken."

Laura rollte die Augen. „Und das soll ein Mensch wissen. Ja, wenn man darüber nachdenkt, kann man seine schlechte Laune verstehen. Aber das gibt ihm natürlich noch kein Recht, ungerecht zu sein und seine Laune an mir abzulassen. Dann muss er eben krank sein und zu Hause bleiben."

„Ich kann schon verstehen, dass er gerne in der Schule ist, um sich von den Schmerzen abzulenken. Aber trotzdem hast du Recht. Das Unterrichten in der Schule sollte er dann nur tun, wenn er auch mit seiner Krankheit und seinen Schmerzen umgehen kann. Er darf tatsächlich nicht sein Unglück auf andere übertragen. Was willst du also tun? Willst du zu ihm hingehen und dich beschweren?"

„Es wird einmal sein müssen, ja. Aber ich weiß nicht, ob es jetzt viel Zweck hat. Denn wenn er jetzt wegen seiner Schmerzen schlecht gelaunt ist, wird er auch bei einem Gespräch kein Verständnis für mich haben.

Ich sollte abwarten, bis es ihm etwas besser geht. Vielleicht habe ich bis dahin auch etwas mehr Mut als jetzt."

„Das kannst du natürlich selbst entscheiden. Aber ich biete dir auch an, mit dir zu gehen, damit du einen Zeugen hast bei diesem Gespräch. Ich denke, die Menschen, die nicht gerecht sind oder vielleicht sogar bösartig, haben sicher schwere eigene Probleme. Die lassen dann häufig Dampf ab, und es ist ihnen wohl auch egal, bei wem. Man muss dann wohl immer selbst herausfinden, ob es Zweck hat, sich gegen sie zu wehren, oder ob man ihnen lieber aus dem Weg geht."

„Herrn Motsch werde ich nicht aus dem Weg gehen können. Also bereite ich mich schon einmal in Gedanken auf ein solches Gespräch mit ihm vor. Ich werde mir ein paar gute Argumente aufschreiben. Meine Tante hat mir auch geraten, solche Gespräche vorher mit jemand anderem zu üben."

„Das kannst du auch mit mir", schlug Max vor. „Ich kenne Herrn Motsch gut und kann dir dann sagen, worauf er reagiert."

„Jetzt, wo wir über ihn gesprochen haben, kommt er mir gar nicht mehr wie ein Ungeheuer vor. Nur noch wie ein hilfloser Mensch, der unglücklich ist. Vom Kopf her verstehe ich gar nicht mehr, warum ich vor ihm Angst hatte."

„Das Unbekannte macht uns oft Angst", wusste Max. „Alles, was verschleiert und geheimnisvoll ist, aber auch vieles, was einfach nur neu ist. Wusstest du, dass ganz viele Menschen lieber in ganz schlechten Verhältnissen leben, als den Mut haben, etwas Neues zu beginnen, das vielleicht besser ist?"

„Nein, das wusste nicht. Woher weißt du das denn?"

„Das hat mir neulich meine Mutter erzählt. Sie sagte, viele Menschen leben in einer ganz schlechten Ehe. Frauen werden manchmal sogar von ihrem Partner geschlagen, aber sie gehen nicht weg, weil sie Angst vor Veränderungen haben. Das geht auch vielen Menschen in den Berufen so. Sie halten an irgendeinem Beruf fest, der sie krank macht, anstelle den Mut zu haben, einen neuen Weg auszuprobieren."

„Das kann man kaum verstehen. Wenn ein Mensch weiß, dass etwas schlecht für ihn ist, dann sollte er doch froh sein, wenn er etwas ändern kann, damit es ihm besser geht", überlegte Laura.

„Ja, das sollte man denken. Aber ein Mensch hat eben Angst vor neuen Wegen. Er weiß nicht, was da kommt, und das macht ihm Angst."

Das Mädchen sah ihn erwartungsvoll an „Hast du auch vor etwas Angst?"

„Manchmal, und dann hoffe ich, dass meinen Eltern nichts passiert. Manchmal denke ich, es wäre schlimm, wenn ein Krieg käme. Ich hatte auch schon Angst um meinen Hund. Als der so schlimm krank war, hatte ich Angst, dass er stirbt."

„Und was machst du, wenn du Angst hast?"

„Dann überlege ich erst einmal, ob die Angst begründet ist. Und wenn es einfach nur ein komisches Gefühl in meinem Magen ist, aber kein Grund da ist, etwas zu fürchten, warte ich einfach, bis die Angst wieder vorüber ist."

Laura sah ihn ungläubig an. „Und das klappt?"

„Ja, es klappt wirklich. Das kann ich dir schwören. Angst kommt, aber sie geht auch wieder, genauso wie sie gekommen ist. Und wenn du nicht so lange warten willst, dann musst du einfach etwas dagegen tun. Dann musst du dich dem Feind stellen. Aber manchmal warnt dich die Angst ja auch nur vor irgendetwas, und dann solltest du auf sie hören."

„Ja, das hat mir meine Tante Doro auch schon gesagt. Angst ist gut, um einen vor etwas zu warnen. Aber manchmal ist sie eben auch da, wenn es nichts zu warnen gibt, dann hat sich einfach nur etwas verknotet, und diesen Knoten muss man dann lösen."

Max sah auf seine Uhr. „Jetzt muss ich nach Hause. Es hat mir Spaß gemacht, hier in eurem tollen Fitnesskeller Tischtennis zu spielen. Grüße Anna von mir, schade dass sie nicht mit dabei sein konnte. Aber das holen wir bestimmt nach.“

Laura brachte Max an die Haustür. „Dann wünsche ich dir viel Spaß für morgen zur Party!“

„Ach ja, richtig die Party. Ich werde mir alles einmal anschauen. Und dann kann ich dir übermorgen etwas darüber erzählen. Du wärst sicher auch gern dabei, oder?“

„Ich weiß nicht so recht. Auf der einen Seite bin ich natürlich neugierig und fühle mich ausgeschlossen, auf der anderen Seite möchte ich mit den beiden überheblichen Mädchen auch gar nichts zu tun haben. Es sind so gemischte Gefühle.“

„Ich könnte Jessica fragen, ob ich dich mitbringen darf. Soll ich?“

„Nein, danke! Das möchte ich nicht. Ich will den beiden nicht hinterherlaufen und gehe auch nicht dorthin, wo ich nicht eingeladen bin. Ich glaube, dann bist du auch schon direkt bei den beiden unten durch, wenn du zeigst, dass du etwas für mich tun willst."

Max lachte. „Das wäre mir schon egal. Aber mit dem Hinterherlaufen hast du schon recht. Du hast es nicht nötig, bei Jessica zu betteln. Ich beobachte einfach mal die ganze Sache und schaue mal, was da wirklich los ist. Schließlich möchte ich mich informieren, um nicht einfach irgendetwas zu erzählen, wovon ich gar nichts weiß. Ich habe gehört, dass auch noch ein anderer Mitschüler da eingeladen ist, und zwar Thomas Meyer. Den kennst du doch bestimmt. Die übrigen Partygäste sind nämlich alle ein bisschen älter."

„Na klar kenne ich den Thomas Meyer. Der ist auch ganz nett. Ich weiß gar nicht, wieso er plötzlich bei Jessica eingeladen ist. Sie haben sonst nicht viel mit ihm am Hut. Aber manchmal kommt man sowieso nicht klar mit dem, was Jessica plötzlich einfällt. Oft ist sie unberechenbar. Viel Erfolg und viel Spaß also!"

Max und Laura verabschiedeten sich und winkten sich noch einmal aufmunternd zu.

17. Kapitel

Am Sonntagnachmittag trafen sich Laura und Anna wie am Abend zuvor vereinbart im Park, um sich über ihre ersten Mutproben zu unterhalten.

Sie setzten sich auf die Bank am Spielplatz und sahen sich erwartungsvoll an.

„Du zuerst!" forderte Laura die Freundin auf. „Wie war es, und was hast du bei deinen Eltern erreicht?"

„Also, ich habe es wenigstens versucht", berichtete Anna. „Aber ich glaube nicht, dass sie mich wirklich verstanden haben. So, wie ich es mir vorgenommen hatte, habe ich meine Eltern nach dem Sonntagsfrühstück gefragt, ob sie kurz Zeit für mich hätten. Natürlich haben sie mir ganz großzügig zugesagt. Dann habe ich sie zuerst auf die ganzen Streitereien angesprochen und sie gefragt, wie ernst das wäre, und ob sie sich vielleicht scheiden lassen wollten. Da haben sie mich doch tatsächlich beinah ausgelacht und gemeint ich solle diese hitzigen Diskussionen doch nicht so ernst nehmen, die seien eben nötig. Meine Mutter meinte, sie seien eben beide sehr emotionale Menschen, und bei denen ginge es eben schon einmal hoch her. Da kam ich schon in Versuchung, selbst wieder ein schlechtes Gewissen zu haben wegen meiner Vermutung, dass sie etwas falsch machen. Bis ich mir dann wieder ins Gedächtnis rief, dass die beiden ja ständig streiten und mir Kummer machen. Sie meinten tatsächlich, ich solle das alles nicht so ernst nehmen. In der heutigen Zeit müsse man lernen, sich durchzusetzen. Wirklich fantastisch! Das habe ich dann zum Anlass genommen, um sie nach einem Hund zu fragen."

„Und was haben sie darauf geantwortet?"

„Meine Mutter antwortete, dass sie natürlich generell nichts dagegen hätten. Aber der Zeitpunkt sei eben schlecht. Sie hätten die alte Geschichte mit dem verstorbenen Hund noch nicht verarbeitet, und ich wahrscheinlich auch noch nicht. Außerdem hätte momentan niemand Zeit, einen jungen Hund zu erziehen. Der müsste ja dann auch erst stubenrein gemacht werden."

„Wie wäre es denn dann mit einem Hund aus zweiter Hand?"

„Das habe ich sie dann auch gefragt, aber sie meinten nur, ein Hund aus zweiter Hand könnte auch viele schlechte Manieren haben. Ich sollte also lieber noch etwas warten. Dann habe ich all meinen Mut zusammengenommen und die beiden gefragt, ob ich auch eine Party veranstalten dürfte wie Jessica und Sabine. Sie haben mich angeguckt, als sei ich ein Wesen von einem fremden Stern. Und dann haben sie ein bisschen herumgestottert und gemeint, über ein Sommerfest, ja, da ließe sich sprechen. Vielleicht eine kleine Gartenparty oder so etwas. Aber das müsse man gut planen und einen Tag finden, an dem es passt."

„Und was hast du darauf geantwortet?"

„Ich habe gesagt: „Prima! Dann können wir ja heute schon einmal damit beginnen. Seht doch mal bitte in eure Terminkalender, wann es euch passt, und ich schreibe schon einmal eine Einkaufsliste mit dem, was wir dafür alles brauchen."

Laura nickte. „Das hast du wirklich schon prima gemacht. Immerhin hast du erreicht, dass sie dir zugehört haben. Und so wie es aussieht, haben sie dich auch ernst genommen. Vielleicht denken sie über das Streiten auch in Zukunft etwas mehr nach, nachdem du es angesprochen hast. Und auf das Thema Hund kannst du auch immer wieder zurückkommen. Also, ich finde, du hast bei der ganzen Sache sehr viel Mut bewiesen, dass finde ich super. Und erreicht hast du auch schon etwas, wenn auch nicht alles. Aber die Welt ist ja auch nicht an einem Tag erschaffen worden. Und Übung macht den Meister."

Anna nickte und lächelte. „Es ist ein Anfang. Und was hast du erreicht?"

„Das war gar nicht so leicht. Meine Eltern wollten nach dem Frühstück schon wieder vom Tisch aufspringen, aber ich habe sie gebeten, doch noch ein paar Minuten sitzen zu bleiben. Meine Geschwister waren glücklicherweise nicht da, denn Marco hatte ein Fußballspiel und Lorena war noch in der Kirche, da singt sie nämlich im Kirchenchor. So hatte ich meine Eltern wirklich einmal für mich allein."

„Und? Haben sie dir zugehört?"

„Sie hatten gar keine andere Wahl. Ich habe mich beschwert, dass sie sich so wenig Zeit nehmen, um mit mir zu reden. Dann meinte mein Vater, ich solle doch auf den Punkt kommen, und ich habe gesagt: „Gut, wenn du möchtest." Irgendwie war ich heute Morgen sehr angriffslustig. Vielleicht hatte sich mein ganzer Ärger angestaut. Deswegen habe ich einfach mal voll aufgedreht und gesagt: „Ich will nicht mehr in die Schule gehen, vielleicht in irgendeine andere, aber nicht mehr in diese."

„Dann haben deine Eltern wohl auch ganz schön dumm aus der Wäsche geguckt, stimmt's?"

Laura lachte. „Genau! Sie wussten zuerst gar nicht, was sie sagen sollten. Und als sie sich dann gefasst hatten, fragten sie nach dem Grund. Da habe ich dann geantwortet: „Ich denke, ich spüre zu viel Druck. Ich kann schon abends gar nicht mehr schlafen, wenn ich an die Schule am anderen Morgen denke." Dann kamen natürlich eine ganze Menge Fragen. Sie wollten wissen, ob ich schlechte Noten hätte, ob ich Streit mit Mitschülern hätte, ob ich mit Lehrern nicht auskommen würde. Plötzlich wollten sie eine ganze Menge wissen. Und dann nahm ich meinen ganzen Mut zusammen und sagte: „Ich denke, es ist von allem etwas, und ich habe auch das Gefühl, dass ihr immer sehr viel von mir erwartet und es für selbstverständlich findet, dass ich klarkomme."

„Und was haben sie darauf geantwortet? Jetzt bin ich aber neugierig."

Laura hob die Augenbrauen. „Ich hatte nicht den Erfolg, den ich erwartet habe. Sie haben mich angeschaut, als ob ich eine Million von ihnen verlangt hätte. Und mein Vater sagte: „Du bist ein intelligentes Mädchen, wir erwarten tatsächlich eine ganze Menge von unserer Tochter. Wir geben auf unserer Arbeit unser Bestes, und auch die Schule ist ein Schritt ins Erwachsenenleben. Da erwarten wir auch von dir, dass du dein Bestes gibst und dass du versuchst, mit deinen Mitschülern, den Lehrern und den Fächern klarzukommen. Es gibt nichts, vor dem du Angst haben müsstest. Wir erwarten nicht von dir, dass du eine Streberin bist und stets nur die besten Noten mit nach Hause bringst. Du musst dir keinen Stress machen, sondern einfach nur deine Arbeit tun. Und wenn du die Schule wechselst, findest du woanders auch Schüler, mit denen du nicht klarkommst und Lehrer, die dir nicht passen. Das alles kann man nie früh genug lernen. Du musst dich wehren, wenn dir etwas nicht passt. Das musst du im späteren Berufsleben auch."

„Na, der hat vielleicht Nerven", fand Anna. „Besonders sensibel ist er nicht."

„Wirklich nicht. Dann habe ich noch einen letzten Versuch gewagt. „Und wenn ein Lehrer einen nicht mag? Wie verhält man sich dann?" „Wenn es sich auf die Noten auswirkt, dann musst du dich schon melden", riet mir meine Mutter, „aber ansonsten muss man tatsächlich damit leben, dass man auf Leute trifft, die einen nicht sympathisch finden. Auch das ist eben überall so. Mach einfach deine Hausaufgaben und pass in der Schule etwas auf! Dann wirst du es schon schaffen. Schließlich hast du hier noch eine Familie, die dich mag, und Freunde hast du auch. Was willst du mehr? Vielleicht Nachhilfeunterricht?" „Nein, den wohl im Moment noch nicht. Aber etwas anderes: Etwas mehr Zeit von euch", schlug ich zaghaft vor."

„Damit hattest du bestimmt kein Glück", vermutete Anna.

Laura seufzte. „Genau. Meine Mutter zeigte mir ein sehr ernstes Gesicht. „Du kannst dir gar nicht vorstellen, wie stressig es bei mir und deinem Vater gerade zugeht. Es geht oft hart an die Grenzen unserer Nerven und unserer Gesundheit. Es wird von uns aktuell alles verlangt. Aber das Leben ist auch teuer. Wir müssen dieses Haus hier noch abbezahlen, und wir wollen euch auch immer das Beste ermöglichen, auch, dass ihr einmal studieren könnt, wenn ihr es wollt. Wir versuchen mit allen Mitteln dafür zu sorgen, dass es euch gut geht. Und alle Zeit, die wir zur Verfügung haben, versuchen wir für euch zu reservieren. Wenigstens das Sonntagsfrühstück klappt oft in Gemeinsamkeit. Und deine Geschwister sind schließlich auch noch da, an die du dich wenden kannst. Wir sind schließlich eine Familie. Außerdem ist uns zu Ohren gekommen, dass du dich ein bisschen näher mit Tante Doro angefreundet hast, immerhin ist sie deine Patentante und gerade einmal nicht auf Reisen. Ich denke, sie kann dir gut helfen, wenn wir nicht da sind." Damit waren sie natürlich fein raus", bedauerte Laura.

„Also wieder Druck", stellte Anna fest. „Sie sagen, sie sind stolz auf dich, weil du alleine zurechtkommst. Aber das verlangen sie auch von dir, weil sie selbst auch glauben, hart zu sich zu sein und hart zu dir sein zu müssen. Du bist also wieder ganz auf dich allein gestellt. Sie sind einfach anders als du, irgendwie gehörst du nicht in diese Familie. Ich kann mir vorstellen, dass du es besser hättest als Tochter von Tante Doro. Diese Künstlerin liegt mehr auf deiner Wellenlänge, sie ist auch so sensibel wie du."

„Tja, das scheint so zu sein, und damit werde ich mich wohl irgendwie abfinden müssen. Das ist gar nicht so einfach, wenn man merkt, die eigenen Leute verstehen einen gar nicht so. Zum Glück habe ich Tante Doro und dich, aber ich werde es jetzt schon schaffen. Nachdem ich so viel über Herrn Motsch weiß, nehme ich launische Lehrer auch nicht mehr so ernst, wenn sie mir das Leben schwer machen. In Zukunft stelle ich mir immer vor, dass er sich sehr hilflos fühlt, wenn es ihm so schlecht geht, und dann schrumpft seine Größe in meinen Augen, die Größe, die mir bisher Angst gemacht hat."

„Das ist eine gute Idee, Laura. Wir lassen die großen Leute, vor denen wir Angst haben, in unseren Visionen einfach schrumpfen. Wir sehen sie vor unseren inneren Augen so klein wie Liliputaner, wie kleine Puppen. Dann haben sie keine große, bedrohliche Bedeutung mehr für uns."

Die beiden lächelten sich an. „Abgemacht!" sagten sie, gaben sich die Hand und schenkten sich einen verschwörerischen Blick.

18. Kapitel

Max kam ihnen mit dem Hund entgegen. „Habt ihr Zeit, ein bisschen mit Nora zu spielen?"

Die beiden Mädchen nickten und hatten Spaß daran, dem munteren Tier eine Zeit lang den Ball zu werfen.

„Wie war es gestern auf der Party?" erkundigte sich Laura, die ihre Neugier nicht mehr zügeln konnte.

„Zuerst war es richtig gut", berichtete Max. „Das Wasser im Swimmingpool hatte die richtige Temperatur, und man konnte dort super gut schwimmen. Dann habe ich mich mit einem anderen Jungen an eine Spielkonsole zurückgezogen dort einen Wettkampf spielt, das war auch echt cool. Aber gerade, nachdem Jessica und Sabine alkoholische Mixgetränke an einige Schüler verteilt hatten, überraschen uns Jessicas Eltern, bei denen jemand die beiden Mädchen verpfiffen hatte. Das gab natürlich dann ein riesiges Donnerwetter, und Jessicas Vater kündete an, dass es niemals mehr eine Party ohne Aufsicht geben würde. Damit werden natürlich diese Treffen an Reiz verlieren, denn ohne die verbotenen Dinge, wird es vielen nicht mehr so viel Spaß machen. Ich habe da noch einen netten Jungen kennen gelernt, den Jonas, mit dem werde ich wohl in Zukunft öfters kicken gehen. Aber zum Tischtennis spielen komme ich natürlich trotzdem weiter, und Nora freut sich auch schon immer auf den Park mit euch."

„Und was hältst du nun von Jessica und Sabine?" bohrte Anna weiter.

„Die haben sich ganz schön blamiert gefühlt mit der riesigen Standpauke von den Eltern, und das vor unseren Augen und Ohren. Die wurden ziemlich klein mit Hut. Die Party war dann auch direkt zu Ende, und wir sind noch ein bisschen durch die Stadt gelaufen. Jonas war dann noch mit bei meinen Eltern, und wir haben uns zu Hause noch einen guten Film angeschaut, also war der Abend rund herum dann doch noch gut gelaufen. Und Jessica und Sabine? Vielleicht haben sie ja jetzt aus dieser Situation etwas gelernt, und wenn nicht, dann werden sie in Zukunft ganz schön kleine Brötchen backen und nicht mehr so viel angeben. Ich behandele sie jetzt einfach wie alle anderen Mitschüler, sie haben für mich keine Ausnahmestellung."

„Dann werden wir uns einmal überraschen lassen, ob sie sich jetzt ein bisschen einordnen können", bemerkte Anna. „Ich glaube es nicht. Sie sind viel zu viele Jahre zu sehr verwöhnt worden. Ich denke, sie wollen auch weiterhin etwas Besseres sein. Aber mich stört es nicht. Ich muss nicht unbedingt in ihren Swimmingpool, das Freibad ist mir genauso lieb, und auf Spiele-Konsolen bin ich auch nicht scharf."

„Ich auch nicht", fügte Laura hinzu. „Am liebsten würde ich einmal mit Tante Doro verreisen. Vielleicht nimmt sie mich einmal mit, das finde ich auch viel interessanter als in einem Schwimmbecken von einem Ende zum anderen zu schwimmen."

„Spielen wir morgen gemeinsam Tischtennis?" erkundigte sich Max. „Ich muss jetzt nämlich wieder nach Haus. Bei meinen Eltern gibt es gleich Kaffee und Kuchen, und später kommt noch Jonas, wir spielen ein bisschen Tischfußball."

Die Mädchen nickten zustimmend und verabschiedeten sich von ihm und von seinem Hund.

19. Kapitel

„Wie fandest du heute den Unterricht bei Herrn Motsch?" erkundigte sich Anna auf dem Nachhauseweg von der Schule bei ihrer Freundin.

Laura lächelte. „Ich habe es irgendwie nicht geschafft, ihn als Liliputaner zu sehen. Aber allein der Versuch hat mir irgendwie Spaß gemacht und die Angstsituation entschärft. Heute habe ich mich einfach einmal gar nicht gemeldet, und da hat er mich öfters etwas erstaunt angesehen. Dann bin ich seinem Blick begegnet und habe versucht, an meine innere Stärke zu denken. Dabei habe ich mir dann vorgestellt, dass er im Moment große Probleme hat, bei denen er sich offenbar nicht zu helfen weiß. Ich dagegen bin gerade dabei, meine Probleme zu untersuchen und Möglichkeiten zu finden, wie ich mir helfen kann. Und dabei habe ich mich wirklich auf einmal stärker gefühlt. Am Ende habe ich geglaubt, in seinen Augen etwas wie Verwunderung zu sehen. In der nächsten Religionsstunde werde ich dann einen Versuch starten, mich wieder öfters zu melden. Und dazu werde ich mir neue Tricks ausdenken, mit denen ich Herrn Motsch verkleinere. Er ist doch gar nicht wichtig für mein Leben. Vielleicht ist er im nächsten Jahr schon gar nicht mehr mein Lehrer. Sie kommen und sie gehen"

„Hattest du denn heute Morgen noch Angst vor der Schule?" wollte Anna wissen.

„Ein bisschen schon", gab Laura zu. „Da gab es ja auch die neue Situation, in der ich etwas ausprobieren wollte. Und vor neuen Situationen darf man ruhig ein bisschen Angst haben. Aber nach meinem Experiment ist die Angst sofort verschwunden, und ich denke, ich werde genauso weitermachen."

Anna lachte. „Dann können wir uns jetzt wieder gegenseitig auf die Schulter klopfen und uns loben. Ich finde, wir haben das gut gemacht und sind einen ganz großen Schritt weitergekommen. Stärken wir also unser

Selbstbewusstsein und loben uns. Sollen wir uns auch mit einem Eis belohnen?"

„Vielleicht später. Heute ist meine Mutter ausnahmsweise einmal zum Mittagessen zu Hause. Sie wollte Spaghetti machen, die essen wir alle so gern."

„Das hört sich aber gut an", fand Anna. „Vielleicht hat sie sich ja doch Gedanken über deine Beschwerde gemacht. Ich hatte auch den Eindruck, als ob sich meine Eltern jetzt ein kleines bisschen mehr zusammennehmen. Es lohnt sich eben doch immer, wenn man sich bemerkbar macht, auch wenn es manchmal ein bisschen dauert, bis die Erwachsenen etwas kapiert haben. Sie sind eben doch nicht so perfekt, wie sie glauben."

„Dann wollen wir gemeinsam dranbleiben", beschloss Laura.

Jessica eilte an ihnen vorbei und rempelte Laura mit der Schulmappe an. „Na? Immer noch keine neuen Klamotten?"

„Immer noch die Klamotten, die ich mir selbst aussuche und die nach meinem

Geschmack sind, und ich trinke immer noch keinen Alkohol!"

Jessica riss die Augen auf. „Ach so, der beschränkte Max hat gepetzt. Bei der nächsten Party werde ich ihn bestimmt nicht mehr einladen."

„Die nächste Party findet bei mir statt", teilte ihr Anna mit. „Bei uns ist Stimmung, auch ohne Alkohol."

„Ihr könnt mich mal!" zischte Jessica und eilte wütend weiter.

„Eins zu null für uns", freute sich Anna. „Den ersten Sieg haben wir schon einmal für uns."

„Prima", freute sich Laura und verzog gleich darauf bedauernd das Gesicht. „Aber ich habe ganz vergessen, dir zu sagen, dass wir auch in einer Angelegenheit unseren Erfolg vergessen können."

Anna zog die Augenbrauen hoch. „Wir sind doch gerade so schön in Fahrt. Und jetzt ein Misserfolg?"

„Ich war gestern Abend noch ganz kurz bei Tante Doro, um ihr von den Gesprächen mit meinen Eltern zu berichten. Sie fand das auch ganz prima, wie wir das machen und will uns auch weiter mit deinem Onkel gemeinsam unterstützen. Aber dann hat sie mir plötzlich Fotos gezeigt, von sich und einem ganz sympathischen Mann. Er heißt Matthias und ist seit längerer Zeit mit ihr befreundet. Seit er aber die letzte Reise mit ihr gemeinsam unternommen hat, sind sie auch ein Paar. Es wird also nichts daraus, aus dem, was wir uns für Tante Doro und Onkel Julius vorgestellt haben. Da haben wir uns also verrechnet. Das ist ein Misserfolg für uns."

Die Freundin lächelte. „Na und? Lass Tante Doro mit ihrem Matthias glücklich werden! Nach dem, was wir bis jetzt erreicht haben, wird uns doch ein kleiner Misserfolg nicht ärgern können. Unsere Idee war doch gar nicht so schlecht. Es gibt auch noch andere Singles. Vielleicht suchen wir jetzt eine neue Partnerin für Herrn Motsch."

Laura begann zu lachen, und Anna stimmte mit ein. Was für eine amüsante Vorstellung!

Während des ganzen Heimwegs ließen sie ihrer Fantasie freien Lauf und bedachten den Lehrer im Geist mit heiratswilligen Kandidatinnen. Sie stellten sich viele Single-Frauen vor, die von Herrn Motsch sicherlich nicht begeistert sein würden.

„So schlecht gelaunt wirkt er nicht gerade anziehend auf Frauen", überlegte Laura und zog die Stirn in Falten.

„Es wird eine Lebensaufgabe werden", vermutete Anna schließlich und scherzte: „Herr Motsch sollte sich nun vor uns fürchten."

ENDE